# ENFERMEDAD DE
# ALZHEIMER

# ENFERMEDAD DE
# ALZHEIMER

## Respuestas a las preguntas más frecuentes

## Liz Hodgkinson

Traducción
María Mercedes Correa

GRUPO
EDITORIAL
**norma**

Barcelona, Bogotá, Buenos Aires, Caracas, Guatemala,
Lima, México, Miami, Panamá, Quito, San José,
San Juan, Santiago de Chile.

Original English-language edition published by
Ward Lock (a Cassell imprint)
Wellington House, 125 Strand, London WC2R OBB
Copyright © 1995 by Ward Lock

Edición original en inglés:
ALZHEIMER'S DISEASE
de Liz Hodgkinson

Impreso por Editolaser
Impreso en Colombia — Printed in Colombia
Octubre, 1996

Dirección editorial, María del Mar Ravassa G.
Edición, Juan Fernando Esguerra, Lucrecia Monárez
Diseño de cubierta, María Clara Salazar
Armada electrónica, Zobeida Ramírez

Este libro se compuso en caracteres Stempel Schneidler, Highlander

ISBN 958-04-3504-9

# Contenido

# Contenido

# Introducción

La enfermedad de Alzheimer es una afección alarmante y penosa. Quienes la padecen empiezan perdiendo la memoria y paulatinamente se van volviendo más olvidadizos y ausentes; finalmente caen en un estado de total apatía, sin ninguna conexión real con el mundo que los rodea. Sin embargo, pueden vivir muchos años en un estado crepuscular y de inconsciencia que empeora cada vez más.

Si bien su nombre más usual es el de enfermedad de Alzheimer, también se la conoce como demencia presenil o demencia de tipo Alzheimer.

A todo el mundo le aterra la enfermedad de Alzheimer, que se caracteriza por producir confusión, senilidad y, con el tiempo, un deterioro total de la personalidad. También es la causa más común de la demencia senil y presenil.

Hasta hace poco, la enfermedad de Alzheimer se consideraba como una afección vergonzosa, y las familias, si alguno de sus miembros la padecía, hacían lo posible por mantenerlo oculto. Se la tenía por una especie de enfermedad mental, parecida a la esquizofrenia o al retardo mental.

Actualmente, gracias a innovadoras investigaciones llevadas a cabo durante los últimos años, principalmente en Estados Unidos y Gran Bretaña, sabemos que la enfermedad de Alzheimer no es una afección mental sino física, en la cual las células del cerebro se deterioran progresiva e irreversiblemente.

Por alguna razón que todavía no se comprende cabalmente, los tejidos y las células del cerebro acumulan cierta proteína que hace que las neuronas se desorganicen y mueran. En condiciones normales, el sistema inmunitario puede procesar eficazmente esta proteína, conocida como proteína ß-péptido amiloide, y volverla inofensiva.

Cuando se presenta la enfermedad de Alzheimer, la proteína ya no puede ser procesada. Esta proteína, aunque no es un ser vivo, tiene mucho en común con un virus. Como la enfermedad de Alzheimer también tiene mucho en común con las afecciones mentales y con el retardo mental — pues afecta al cerebro y, por último, a las emociones, al carácter y al comportamiento —, con frecuencia se comete el error de clasificarla como una enfermedad mental y no como una enfermedad física.

De hecho, a largo plazo es imposible distinguir sus efectos de los de una enfermedad mental. Por ahora, aunque existen varias teorías, nadie sabe con certeza cuál es la razón para que las células cerebrales se desorganicen de esa manera cuando algunas personas llegan a determinada edad. Algunos investigadores han dicho que el aluminio, metal que afecta al sistema nervioso, puede ser el causante. Sin embargo, ninguna teoría ha sido comprobada, y la teoría del aluminio, junto con otras concernientes a la enfermedad de Alzheimer, sigue siendo motivo de controversia.

Todo lo que sabemos sobre la enfermedad de Alzheimer es que, hasta ahora, no hay forma de prevenirla o de curarla. Tampoco existen tratamientos médicos eficaces. Una vez que aparece la enfermedad, empieza un deterioro que puede ser rápido o lento, pero que es definitivamente irreversible. No hay ninguna manera para hacer que la persona "vuelva a ser la de antes" una vez que le diagnostican la enfermedad de Alzheimer.

Ésta es la razón por la cual se cuestionó la veracidad del ex gerente de Guinness, Ernest Saunders, quien fue liberado de prisión con el argumento de que padecía la enfermedad de Alzheimer. Después de ser liberado, según las apariencias, se recuperó totalmente, lo cual es claramente imposible. Lo más probable es que Saunders sufriera de una profunda depresión, que puede tener algunos síntomas en común con la enfermedad de Alzheimer; la diferencia es que la depresión puede tratarse y el paciente se puede recuperar, mientras que no existe ningún caso registrado de alguien que se haya curado de la enfermedad de Alzheimer. Sin embargo, para concederle a Saunders el beneficio de la duda, debemos decir que el diagnóstico de la enfermedad de Alzheimer suele estar más inspirado en una presunción que en un análisis completamente preciso de la situación. Es posible que los médicos de Saunders hayan cometido un error.

Sin embargo, el hecho de que la enfermedad sea irreversible no significa que nada pueda hacerse. Aunque todavía no existe un tratamiento eficaz, un mayor conocimiento de la enfermedad redunda en un mejor cuidado de los pacientes, más humanitario y compasivo. No deja de ser trágico ver a un ser querido, que alguna vez fue muy activo, sumergirse en el estado crepuscular de la enfermedad de Alzheimer, pero cabe el consuelo de que puede darse un mejor cuidado a quienes padecen la enfermedad y prestar ayuda especializada a los encargados de cuidarlos.

Existen muchas maneras de aliviar las cargas de quienes cuidan a los enfermos, pero es necesario partir de una aceptación y comprensión de la enfermedad. Muchos aspectos del comportamiento de los pacientes se hacen menos angustiantes una vez que se toma conciencia de que el paciente no puede evitarlo y de que su comportamiento no se puede cambiar. Ésta es una enfermedad física, producto del deterioro de las células cerebrales, que no se debe a que la persona deliberadamente se vuelva difícil o gruñona.

En la actualidad se adelantan, a ambos lados del Atlántico y en Australia, numerosas investigaciones sobre la enfermedad de Alzheimer, por lo cual podemos esperar que se descubra en poco tiempo un tratamiento eficaz. Aunque las células cerebrales muertas no puedan volver a vivir, los científicos esperan descubrir pronto una manera de prevenir que las neuronas existentes se vean afectadas y mueran. En el momento en que se comprendan mejor los mecanismos causantes del deterioro, será posible crear una droga que detenga las peores manifestaciones de la enfermedad.

Otra posibilidad es descubrir alguna manera de evitar que se forme la proteína ß-péptido amiloide. El problema es que no se sabe quiénes corren el riesgo de padecer la enfermedad. Ésta llega sin avisar, por lo cual el golpe es devastador: muy pocas personas están preparadas para la enfermedad cuando ésta llega a su vida.

Nadie espera que pueda llegar a padecer la enfermedad de Alzheimer, pero tampoco nadie tiene la garantía de ser inmune a ella. Lo único que sabemos es que este mal no respeta a nadie. No tiene nada que ver con la personalidad, el carácter o el estilo de vida.

Muchas personas famosas han sufrido de la enfermedad de Alzheimer, entre ellas Winston Churchill, Rita Hayworth y la escritora de literatura infantil Enid Blyton. Hace algún tiempo el ex presidente de Estados Unidos Ronald Reagan declaró que padecía la enfermedad de Alzheimer. Gran diferencia con la situación de hace tres decenios, cuando se mantuvo en secreto durante 15 años el estado mental cada vez peor de Winston Churchill, por causa de la enfermedad.

En ciertos aspectos, el aumento de la conciencia de la gente en general sobre la enfermedad de Alzheimer ha sido similar al que se vio con el cáncer. Hace unos veinte años no existían libros sobre el cáncer, salvo aquéllos destinados al estudio de la medicina, y la palabra *cáncer* prácticamente no se pronunciaba en público. Los médicos no revelaban a sus pacientes ni a los familiares de éstos el diagnóstico. El cáncer era, pues, una enfermedad innombrable. Hasta hace poco la enfermedad de Alzheimer recibía un tratamiento similar, pero esta actitud ha empezado a cambiar.

La enfermedad de Alzheimer no es contagiosa y,

aunque muchas veces puede haber un componente genético, el mal no parece ser de familia. Ésta es una enfermedad que se presenta principalmente en la vejez, al igual que la artritis o la osteoporosis.

La carga más pesada deben llevarla aquéllos que cuidan a los pacientes, generalmente los familiares inmediatos o el cónyuge. Inicialmente, la persona enferma puede tener tan sólo una confusa idea de lo que está sucediendo. El paciente no se da cuenta de que su estado empeora, pues el cerebro no sólo no funciona en su total capacidad sino que ésta disminuye cada vez más. Las personas que los cuidan, en cambio, se sienten tristes, desesperadas e incluso furiosas ante la desintegración de un ser que alguna vez fue muy amado.

La historia de Rita Hayworth es un ejemplo de la evolución de la enfermedad. Rita, una de las más rutilantes estrellas de Hollywood durante los años 40 y 50, murió en 1987 padeciendo la enfermedad de Alzheimer. Aunque hubo algunos indicios tempranos, a Rita no le diagnosticaron la enfermedad sino hasta 1980, a los 60 años de edad. Antes de eso la gente tenía la impresión equivocada de que la actriz estaba ebria o drogada.

Aunque se sabía que Rita era alcohólica, no fue el alcohol la causa de su enfermedad; su hija, la princesa Yasmín, afirmó que su madre dejó de beber una vez que ingresó al hospital. Nadie sospechaba que se tratase de la enfermedad de Alzheimer.

En la primera etapa de la enfermedad, Rita podía valerse por sí misma, pero pronto empezó a sentirse confundida y a olvidar en dónde se encontraba. Su hija ha descrito cuán duro fue para ella ver que su madre, otrora una mujer hermosa, se sumía gradualmente en el estado de confusión que caracteriza a la enfermedad. Algunos días Rita se ponía muy furiosa, sin que nadie supiera por qué. Sus palabras se convertían en parloteos sin sentido; movía constantemente las manos y los pies. No soportaba ver televisión, por lo cual su hija le ponía música. En algunas tristes fotografías tomadas durante su ocaso, Rita aparece despeinada y actuando de manera agresiva.

La princesa Yasmín, hija de Rita y del príncipe Alí Kan, ha dicho que quiere continuar recolectando fondos para patrocinar investigaciones, con la esperanza de que algún día se descubra la cura para esta enfermedad. Para ello organiza fiestas de gala en nombre de Rita Hayworth.

En este libro usted encontrará información actualizada sobre la enfermedad de Alzheimer y una explicación de las diferencias entre esta dolencia específica y el simple proceso de envejecimiento u otras afecciones que pueden padecer las personas de edad, entre las cuales se cuentan la depresión y la angustia.

# Preguntas y respuestas

# 1 La enfermedad de Alzheimer

**¿Por qué esta afección recibe el nombre de enfermedad de Alzheimer?**

La afección que conocemos ahora como enfermedad de Alzheimer fue identificada por primera vez en 1906 por el neurólogo alemán Alois Alzheimer. La enfermedad tomó el nombre de este científico a partir de una descripción suya, en una ponencia médica, de cambios en el tejido cerebral de un paciente que había muerto después de haber padecido confusión, apatía y pérdida de la memoria.

El doctor Alzheimer observó a través del microscopio una desorganización de las células nerviosas, y a eso le dio el nombre de *nudos neurofibrilares;* también vio acumulación de desechos, a lo cual dio el nombre de *placas seniles.* Al parecer, esos cambios eran los causantes de la pérdida de la memoria tan abrumadoramente característica de la enfermedad de Alzheimer.

En ese momento, ni él ni nadie sabía cuál era la causa de que se produjeran las placas y los nudos, pero desde entonces se vienen realizando investigaciones con base en el trabajo de Alzheimer.

Aunque en la actualidad se conoce un poco más sobre la enfermedad, aún no se ha obtenido ninguna respuesta satisfactoria.

## ¿Qué son exactamente nudos neurofibrilares y placas seniles?

Todos los tejidos cerebrales humanos contienen millones de neuronas con extensiones en forma de hilo llamadas estructuras fibrilares. Con la enfermedad de Alzheimer, la disposición normal de las neuronas se desordena — de ahí el nombre de nudos neurofibrilares — y las células afectadas dejan de funcionar; una parte del cerebro muere y ya nunca revivirá. A medida que pasa el tiempo, más células cerebrales se extinguen y los pacientes empeoran.

Las estructuras conocidas como placas seniles son una acumulación de desechos alrededor de la ß-péptido amiloide, una proteína derivada hallada en el cerebro. La ß-péptido amiloide es un pequeño fragmento de una proteína compleja que, por algún motivo, se acumula en los tejidos nerviosos y los destruye.

Por alguna razón desconocida, las placas seniles y los nudos neurofibrilares afectan solamente aquellas partes del cerebro relacionadas con la memoria y la retención de información. Este tipo de deterioro cerebral es muy grave, pues las células nerviosas que se destruyen sistemáticamente son esenciales para el funcionamiento adecuado de los músculos y para la producción de hormonas, lo cual afecta a las emociones. Los tejidos nerviosos afectados por la enfermedad de Alzheimer se ven sin vida.

P/ **¿Cómo se pueden ver estas placas y estos nudos?**

Solamente pueden verse a través del microscopio, en un examen *post mortem* del cerebro de un individuo con enfermedad de Alzheimer. No hay forma de examinarlos en pacientes vivos; en todo caso,. es poco lo que puede hacerse para detener el proceso de deterioro una vez que ha comenzado.

En muchos casos, la enfermedad de Alzheimer sólo puede diagnosticarse de manera precisa después que muere el paciente; la mayoría de los avances en la comprensión de esta dolencia provienen de los exámenes *post mortem* que se practican a las células cerebrales.

P/ **¿Se sabe de otras especies que sufran de la enfermedad de Alzheimer?**

Al parecer, no. En algunos animales — por ejemplo, en los perros y ciertos primates — se pro-

ducen cambios en el cerebro por causa de la edad,
pero no son los mismos de la enfermedad de
Alzheimer.

**¿Estas placas y estos nudos se encuentran en
enfermedades diferentes de la de Alzheimer?**

Sí. Hasta cierto punto son un efecto del proceso
normal de envejecimiento. También se encuentran
en el cerebro de las personas que padecen el síndrome de Down. El cerebro de algunas personas
de edad avanzada puede mostrar esos cambios,
aunque también se han encontrado personas de
80 ó 90 años sin señas de este tipo de deterioro.

En la mayoría de las personas de más de 70 años
se encuentran rastros de placas y nudos en las
neuronas; sin embargo, a menos que estas personas tengan la enfermedad de Alzheimer, sus facultades para pensar, memorizar y otras no se ven
afectadas de manera significativa.

Antes se pensaba que la afección que ahora conocemos como enfermedad de Alzheimer debía
darles a todas las personas al llegar a cierta edad.
Ahora sabemos que constituye un estado anormal
y que no puede considerarse como parte del proceso de envejecimiento. Es un proceso morboso,
como el de la artritis, pero, a diferencia de ésta,
no existe cura para la enfermedad de Alzheimer.

## P/ ¿Existe alguna conexión entre el síndrome de Down y la enfermedad de Alzheimer?

Sí, pues en el cerebro de los individuos con síndrome de Down y con enfermedad de Alzheimer se encuentra la misma clase de nudos y placas. El síndrome de Down está asociado con cierta forma de retardo mental y con un aspecto físico característico; además, la enfermedad es producto de una anormalidad cromosómica. Todas las personas con el síndrome de Down tienen un cromosoma de más, y se ha planteado la hipótesis de que éste puede ser también el caso de un reducido número de pacientes con enfermedad de Alzheimer.

Los exámenes *post mortem* del cerebro de personas con el síndrome de Down muestran que, en la mayoría de los casos, las placas y los nudos son tan numerosos que a veces es difícil diferenciarlos de los que se hallan en una persona con enfermedad de Alzheimer. La principal diferencia es que, en los casos de síndrome de Down, estos cambios ocurren mucho más tempranamente, tal vez antes de los cuarenta años de edad. Sin embargo, las investigaciones sobre la relación entre la enfermedad de Alzheimer y el síndrome de Down se encuentran en una etapa incipiente y no se pueden sacar conclusiones definitivas.

Otra diferencia importante es que las personas

con síndrome de Down padecen retardo mental desde el nacimiento, mientras que las personas con enfermedad de Alzheimer tienen una inteligencia y un funcionamiento mental normales hasta el momento en que aparece la enfermedad.

Lo que sí sabemos con certeza es que el síndrome de Down, al igual que la enfermedad de Alzheimer, no es evitable ni curable. Hace algunos años, las personas con el síndrome de Down no vivían más allá de los 30 años. Ahora, gracias a los adelantos en medicina y en atención social, algunas personas con el síndrome de Down pueden vivir hasta edades avanzadas. Por esta razón, su cerebro se puede comparar con el de los pacientes con enfermedad de Alzheimer.

P/ **Con frecuencia la enfermedad de Alzheimer recibe el nombre de demencia presenil. ¿Cuál es la diferencia entre ésta y la demencia senil?**

La diferencia es, realmente, una cuestión cronológica: la edad en que comienza la demencia. En la actualidad, por razones prácticas, la afección recibe el nombre de enfermedad de Alzheimer o demencia presenil cuando empieza antes de los 65 años y el de demencia senil cuando la enfermedad comienza en una edad mucho más tardía.

En los exámenes *post mortem* se ha visto que los cambios cerebrales de pacientes con enfermedad de Alzheimer y con demencia senil son casi exactamente los mismos. De hecho, se trata de la misma enfermedad. Sea cual sea la edad en que comienza la enfermedad, el proceso de ésta sigue el mismo curso; sin embargo, la enfermedad de Alzheimer es particularmente devastadora, pues afecta a personas que todavía están en la flor de la vida.

Por otra parte, los síntomas de la enfermedad de Alzheimer son más graves y su evolución es más rápida. Cuanto más pronto contraiga una persona la enfermedad, más breve será su esperanza de vida.

## ¿Qué significa realmente tener la enfermedad de Alzheimer?

Enfermedad de Alzheimer es el término utilizado para designar la pérdida progresiva de las facultades mentales y puede definirse como un daño gradual de la memoria, el intelecto y la personalidad, sin pérdida de la conciencia. Se dan cambios insidiosos y a veces irreversibles en tres aspectos: el comportamiento, el estado de ánimo y el proceso de pensamiento.

En un comienzo ocurren pérdidas ocasionales de la memoria, aunque esto puede pasarle a todo el mundo sin que indique necesariamente que se tiene la enfermedad de Alzheimer. La pérdida de la memoria se convierte en enfermedad cuando no sólo empeora progresivamente sino también en forma irreversible.

En efecto, la pérdida de la memoria de hechos y datos recientes es la característica más sobresaliente de la enfermedad de Alzheimer; durante un tiempo después de aparecer la enfermedad, la memoria del pasado permanece intacta.

Sin embargo, también los recuerdos del pasado empiezan a olvidarse y, finalmente, la memoria se pierde del todo. En poco tiempo, al paciente le será imposible asimilar nueva información. Llega un momento en que olvida todo, hasta los nombres y rostros más conocidos. Ya no puede reconocer a sus familiares más cercanos y queridos, no puede sostener una conversación y se pasa el día mirando al vacío, pues no puede leer el periódico, escuchar la radio, ver televisión o conversar. Tal vez se den algunas fluctuaciones durante el día, o a través de los días, pero en general no se presentan períodos de recuperación.

Lo más triste es que las personas con enfermedad de Alzheimer pueden vivir muchos años en este estado y suelen morir a causa de otra afección, como la neumonía.

## P/ ¿Qué tan común es la enfermedad de Alzheimer?

Si bien no es muy común, tampoco puede decirse que sea infrecuente. Se calcula que unas 700 000 personas en el Reino Unido padecen la enfermedad de Alzheimer y entre 3 y 4 millones en los Estados Unidos.

## P/ ¿La enfermedad va en aumento?

No hay indicios de que así sea. Aunque *parece* que hubiera más casos que antes, lo más probable es que esto se deba a que ha aumentado el conocimiento de la gente sobre el tema y a que la enfermedad está mucho mejor definida. En la actualidad, gracias al mejoramiento de la técnica, se hacen diagnósticos más precisos.

Otra razón por la cual puede parecer que han aumentado los casos de enfermedad de Alzheimer es que, en la actualidad, la gente tiene una vida más larga que en cualquier otra época de la historia. Puesto que es una dolencia que rara vez empieza antes de los 60 años, se volverá cada vez más común si aumenta el número de personas que vivan más allá de esta edad. Así mismo, la posibilidad de proporcionar una mejor atención médica a los pacientes de enfermedad de Alzheimer hace que puedan vivir más tiempo que en el pasado.

## P/ ¿La enfermedad afecta más a los hombres o a las mujeres?

La enfermedad de Alzheimer parece afectar por igual a hombres y mujeres. No parece que haya una relación directa con los niveles de inteligencia, el grado de educación, la raza o la distribución geográfica de la enfermedad. El único factor común es que afecta principalmente a personas de edad avanzada.

## P/ ¿La pérdida de la memoria es siempre indicio de la enfermedad de Alzheimer?

No. Puede haber muchos motivos para la pérdida de la memoria. Aunque parece que las personas tienden a volverse olvidadizas con el paso de los años, debemos tener presente que la gente joven también puede ser olvidadiza. No debemos asociar el hecho de ser olvidadizo solamente con la edad, pues ésta puede ser una característica que persiste a lo largo de la vida.

En algunas ocasiones, la pérdida de la memoria puede ser producida por los efectos de la anestesia (la gente mayor puede necesitar más tiempo para recuperarse de una operación o de otros procedimientos quirúrgicos), por un golpe o por algún medicamento. Cuando se han descartado todas estas posibilidades y cuando la pérdida de la memoria es algo nuevo y perturbador, se puede sospechar que la enfermedad de Alzheimer es la causa. Por esta razón, cuando una persona de edad sufre de pérdida grave de la memoria, es necesario descartar otros factores antes de diagnosticar la enfermedad de Alzheimer.

Lo esencial de la enfermedad de Alzheimer y de otras afecciones de este estilo consiste en que la pérdida de la memoria es permanente; no se trata de simples olvidos momentáneos. Por ejemplo, las personas que padecen la enfermedad de Alzheimer pueden ir a comprar varias veces la misma cosa y pagar una cuenta que ya habían pagado antes. Es como si la pizarra de su memoria fuera borrada constantemente. Esto es muy diferente de bajar las escaleras para buscar algo y olvidar qué era lo que uno iba a buscar.

Con la enfermedad de Alzheimer la pérdida de la memoria es tal, que el enfermo parece vivir en un mundo totalmente diferente del nuestro.

**P/ ¿Qué significa "demencia" en este caso? ¿Los enfermos se vuelven dementes en el sentido usual de la palabra?**

En realidad, no. El término *demencia* da lugar a confusiones, pues en este caso se usa para designar una pérdida progresiva de las funciones mentales. No significa que los enfermos se vuelvan "dementes" en el sentido de que anden por ahí agitándose y gritando como locos. En realidad, se comportan del modo contrario: se vuelven apáticos, actúan con desgano y no tienen mucha conciencia de lo que sucede a su alrededor.

Algunas veces pueden surgir preocupantes cambios de personalidad (por ejemplo, hostilidad, desconfianza y agresión), pero por lo general duran poco y son característicos de la enfermedad. A medida que pasa el tiempo y la demencia se va agravando, los enfermos se vuelven más y más apáticos y empieza un proceso de pérdida de la personalidad. Finalmente, se convierten en individuos completamente diferentes de lo que eran, independientemente de cuán despiertos y activos fuesen antes.

**P/ ¿Puede considerarse a la enfermedad de Alzheimer como una afección psicológica o psicosomática?**

No. No depende de la personalidad, las emociones o el carácter. No existe un tipo de personalidad en particular que sea más proclive que otro a sucumbir ante la enfermedad de Alzheimer, y ésta no tiene nada que ver con ninguna afección mental, aunque los enfermos sean propensos a mostrar reacciones emocionales angustiosas, tales como llanto excesivo, mal humor y tendencias paranoides.

La enfermedad de Alzheimer es básicamente una afección fisiológica y su origen es una disfunción física. Tiene implicaciones psicológicas porque afecta al cerebro y, por ende, al funcionamiento mental, pero no tiene un origen psiquiátrico, aunque algunas veces reciba el tratamiento de una enfermedad psiquiátrica.

Algunas autoridades en la materia consideran que muchas enfermedades "mentales" tienen causas físicas, como, por ejemplo, la dificultad de ciertos minerales y vitaminas esenciales para llegar al cerebro. Al parecer, esto es así en el caso de ciertos niños hiperactivos y se ha pensado que es una causa de la esquizofrenia. Se sabe que la carencia de cinc y otros minerales también ocasiona problemas mentales y emocionales. Sin embargo, ignoramos qué hace que el cerebro funcione mal en el caso de la enfermedad de Alzheimer.

**P/ ¿Qué es la proteína amiloide?**

Éste es el nombre que reciben los depósitos de moléculas de proteína que se agrupan de manera anormal. Esta proteína, conocida técnicamente como proteína ß-péptido amiloide, fue descubierta a principios de los años 80 y se deriva de otro tipo de proteína, conocida como proteína precursora de amiloide (PPA), que se encuentra en todas las células del cuerpo humano.

En circunstancias normales, se cree que la PPA cumple algún papel en el crecimiento de las neuronas y posiblemente en la transmisión de mensajes de una célula a otra. Sin embargo, hoy por hoy, todo esto se reduce a especulaciones y se desconoce la función exacta de la PPA.

Actualmente se llevan a cabo experimentos para determinar el papel exacto que cumple la PPA en el funcionamiento normal de las células, lo que permitirá una mejor comprensión de las anormalidades que se observan en la enfermedad de Alzheimer.

**P/ ¿Cuál es la relación entre la proteína precursora de amiloide (PPA) y la enfermedad de Alzheimer?**

Se ha llegado a comprender algo sobre la PPA gracias a estudios realizados en pacientes con el síndrome de Down. Desde hace algún tiempo se sabe que quienes padecen el síndrome de Down tienen tres cromosomas 21, mientras que la mayoría de las personas sólo tienen dos. Este cromosoma adicional produce el aspecto físico y el retardo mental característicos del síndrome de Down.

Si vivieran lo suficiente, quienes sufren del síndro-me de Down empezarían a padecer, casi con toda seguridad, la enfermedad de Alzheimer a los 40 ó 50 años. Quizá esto se deba a que ese gen adicio-nal que tienen hace que la PPA produzca mayor cantidad de proteína ß-péptido amiloide, que lue-go se deposita en el cerebro y no puede salir.

Algunas investigaciones que se han venido realizando muestran que, al parecer, la PPA tiene alguna relación con la aparición de la enfermedad de Alzheimer, pero todavía se plantean muchos interro-gantes al respecto y es necesario seguir investigando.

Lo que sabemos en la actualidad es que las pla-cas y los nudos que se encuentran en el cerebro de quienes padecen la enfermedad de Alzheimer son similares a los que se presentan en los casos de síndrome de Down. Puede que exista o no una relación directa entre estas dos enfermedades. Aunque se sabe bastante sobre el cerebro y su funcionamiento normal, es poco lo que se sabe sobre las enfermedades cerebrales.

P/ **¿Cuál es la diferencia entre la enfermedad de Alzheimer y el proceso normal de envejecimiento?**

Al principio puede que la diferencia no sea muy notoria, pues las personas de edad avanzada tienden a ser olvidadizas y tienen dificultad para asimilar nueva información. Sin embargo, en los casos de enfermedad de Alzheimer el deterioro es irreversible y no se presentan mejorías. Por otro lado, existen algunos tipos específicos de pérdida de la memoria asociados con la enfermedad de Alzheimer que no se dan en el proceso normal de envejecimiento, como olvidar rostros familiares, incluso el de la pareja.

En el proceso normal de envejecimiento, independientemente de todo lo demás, los recuerdos del pasado lejano siempre permanecen. La enfermedad de Alzheimer hace que, al final, ya ningún recuerdo pueda traerse a la memoria.

## ¿Qué sucede con las personas que padecen la enfermedad de Alzheimer?

El comportamiento se altera, pues los enfermos se vuelven confusos e inquietos y están como enajenados, sin razón aparente. Puede que se den algunos signos de interés o iniciativa, pero los enfermos se vuelven taciturnos y apáticos. También puede aparecer algún comportamiento antisocial, como desinhibición sexual o robo en las tiendas. Los enfermos pueden, así mismo, adoptar hábitos obsesivos y sin sentido, como lavarse las manos constantemente, tocar los pomos de las puertas o mover entre las manos ciertos objetos.

En las últimas etapas de la enfermedad puede producirse una desorientación total, incoherencia e incontinencia. Algunos enfermos pueden empezar a deambular por toda la casa, especialmente de noche.

El proceso de pensamiento se hace más lento y se reduce en su contenido. Quizá se produzca algo de manía persecutoria respecto a la pareja del enfermo o a la persona que cuida de él. A medida que pasa el tiempo, pueden surgir dificultades para comprender ideas abstractas; la persona puede repetir las mismas ideas una y otra vez. La carencia de discernimiento puede poner en peligro a la persona; por ejemplo, al conducir un vehículo.

He aquí el caso típico de una víctima de la enfermedad de Alzheimer. Sid, de 60 años de edad, parecía gozar de buena salud y estaba a gusto con su trabajo como empleado público en el departamento de clasificación tributaria en un gran distrito de Londres. Cuando cambió el sistema de tributación, Sid parecía confundido respecto a la manera como debía producirse el cambio. Parecía no comprender los procedimientos correspondientes y esto molestaba a sus supervisores, pues Sid siempre se había mostrado particularmente despierto. Sin embargo, pensaron que eso podía deberse al hecho de que Sid empezaba a envejecer y tenía dificultad para asimilar las ideas nuevas.

Unas semanas después, olvidó dos veces hacer unas compras que su esposa le había encargado. Luego olvidó por completo que su hijo y su nuera iban a visitarlos y a quedarse con ellos el fin de semana. Cuando llegaron, él había salido a tomar unas cervezas con unos amigos. Cuando volvió a su casa, olvidó nuevamente que su hijo y su nuera estaban allí.

La esposa de Sid se alarmó cuando lo vio girar unos cheques para pagar ciertas cuentas que ya habían pagado. Le mostró a Sid los talones de los cheques, pero era evidente que él no recordaba en absoluto haber pagado esas cuentas.

Preocupada, su esposa le pidió que se hiciera ver de un médico, pues la pérdida de la memoria era cada vez peor. A regañadientes, Sid aceptó y el médico le practicó algunas pruebas de funcionamiento cerebral. Los resultados salieron normales y el médico le recetó pastillas antidepresivas, pues pensaba que quizá los cambios en el trabajo habían afectado a Sid.

Las pastillas no hicieron ningún efecto y la memoria de Sid se volvía cada vez peor. Además, comenzó a ponerse paranoico, convencido de que la gente lo espiaba y lo miraba a través de las paredes. Todavía seguía yendo a trabajar, pero otras personas se habían encargado de reemplazarlo en la mayor parte de sus tareas. Su expresión se volvió cada vez más ausente y pasaba la mayor parte del tiempo sentado en una silla, mirando al vacío. A veces tenía arranques de mal genio, cosa bastante rara en él anteriormente, pues era de temperamento calmado. Después de un par de años, el jefe de Sid llamó a la esposa y le dijo que, en su opinión, Sid ya no era capaz de seguir desempeñando su trabajo. Tenía 62 años y, por lo tanto, podía jubilarse, si así lo deseaba.

La esposa de Sid lo convenció de que se jubilara, después de lo cual Sid se pasaba las horas sentado en una silla, mirando al vacío. Ponía a hervir agua para preparar un té y luego olvidaba que lo había hecho. A veces salía a caminar un poco, pero era incapaz de sostener una conversación con sus viejos amigos. Le prometió a la esposa que iba a dejar de conducir, pero de vez en cuando salía en el automóvil, hasta que ella decidió quedarse siempre con las llaves.

La esposa, que ya estaba desesperada, decidió llevarlo a que lo viera otro médico. Éste le practicó más exámenes. Una tomografía axial computadorizada (TAC) reveló que el tamaño del cerebro de Sid se había reducido considerablemente.

El médico le diagnosticó enfermedad de Alzheimer y dijo que para esta afección no había cura ni tratamiento.

Ya no podían dejar solo a Sid en casa. Por lo tanto, la esposa y el hijo trataron de encontrar una clínica o una casa para personas de edad apropiada, pues el caso de Sid ya no podía atenderse de manera ordinaria. El problema era que todas las instituciones que lo podían aceptar costaban cantidades de dinero que ellos no estaban en condiciones de pagar.

Finalmente encontraron una casa para personas de edad, después que el hijo de Sid aceptó contribuir al pago de la pensión semanal. La casa reunía todas las condiciones para atender a pacientes con enfermedad de Alzheimer, y allí hicieron todo lo que pudieron para cuidar al enfermo, que cada día empeoraba. Al poco tiempo Sid ya no reconocía a su esposa ni a su hijo ni a su nuera cuando iban de visita. Después dejó de hablar. Se fue debilitando paulatinamente y vivió dieciocho meses a partir del momento en que ingresó en la casa para ancianos. No murió de enfermedad de Alzheimer sino de neumonía.

Aunque ésta es una historia bastante común, se trata de un caso específico, pues la enfermedad no sigue la misma evolución en todos los pacientes.

Sin embargo, todos los casos, en la mayoría de los aspectos, son bastante similares, especialmente en lo relacionado con la desolación que sienten los familiares ante la amarga realidad de que no hay nada que hacer.

## ¿Qué personas corren mayor riesgo de contraer la enfermedad?

Cualquier persona puede ser víctima de la enfermedad de Alzheimer, porque ésta no respeta a nadie ni está relacionada con la inteligencia, la clase social, la educación o la ocupación. Un estudio llevado a cabo en Suecia, en 1992, indicaba que el 50 por ciento de los casos se originaban en problemas cardiovasculares y que la prevención de éstos podía reducir la incidencia de la demencia.

Los investigadores sometieron a cerca de quinientas personas de 85 años de edad a exámenes físicos y escanográficos. Un tercio de los pacientes padecía demencia. De éstos, el 43 por ciento tenía demencia de origen cardiovascular y en el resto se debía a otras causas. Los autores de este informe, que apareció en la revista *New England Journal of Medicine,* concluyeron que los cambios en la dieta, dejar de fumar, la terapia con aspirina y el tratamiento de la hipertensión podían ser de gran utilidad para prevenir la enfermedad.

En lo que se refiere al cambio de la dieta (véase también la página 58), las pruebas son todavía bastante especulativas. Hasta ahora no se han hecho otros estudios que demuestren que existe una relación entre el estilo de vida y la aparición de las demencias. Sabemos que Winston Churchill, que padeció la enfermedad de Alzheimer en sus últimos años, comía, fumaba y bebía en exceso, pero no se sabe si esto contribuyó a la aparición de la enfermedad.

Sin lugar a dudas, existen muchas personas que padecen demencia en sus últimos años de vida sin que jamás hayan bebido, fumado o tenido la presión sanguínea alta. Por esa razón, es difícil sacar conclusiones definitivas.

### ¿Hay algo que desencadene la enfermedad de Alzheimer?

No. No se sabe de factores que precipiten la enfermedad, aunque ésta suele presentarse después de una gripe grave o de otra enfermedad viral. Tampoco se produce después de un trauma emocional, como el causado por la muerte de un ser querido, un divorcio u otras pérdidas graves.

P/ **¿Qué tan fácil es diagnosticar la enfermedad de Alzheimer?**

El diagnóstico no es fácil, pues la pérdida de la memoria y la demencia son síntomas de numerosas enfermedades. También existen varias enfermedades cerebrales que están relacionadas con la demencia progresiva, por lo que, en algunos casos, el diagnóstico puede ser una simple conjetura.

A continuación describiremos las afecciones mentales que pueden tener un cuadro similar al de la enfermedad de Alzheimer.

1. La enfermedad de Pick, que es mucho menos común que la de Alzheimer, tiene un cuadro similar al de ésta, pero el aspecto de los nudos y las placas, observados a través del microscopio, es bastante diferente. Esto ha llevado a los investigadores a pensar que, cuando se encuentren tratamientos eficaces para estas dos enfermedades, serán diferentes. Las personas que padecen la enfermedad de Pick comen en demasía, se vuelven sexualmente hiperactivas y desaforadamente eufóricas. Se meten en la boca cualquier cosa, sea comestible o no; podrán incluso tratar de comer fósforos, caucho o papel higiénico.

2. La hidrocefalia de presión normal (HPN), que se conoce como "agua en el cerebro", se caracteriza por la deficiente circulación del líquido cefalorraquídeo y la destrucción del tejido cerebral. El avance de la enfermedad suele ser rápido y quienes la padecen suelen tener una historia clínica de lesión cerebral. La HPN genera dificultades para caminar y estar de pie y causa incontinencia. Es una de las pocas demencias tratables (la cirugía puede ser eficaz) y debe descartarse antes de proceder a diagnosticar con precisión la enfermedad de Alzheimer.

3. La enfermedad de Huntington (conocida antiguamente como corea de Huntington) puede diagnosticarse fácilmente por los movimientos particulares de retorcimiento del enfermo; difícilmente se la puede confundir con la enfermedad de Alzheimer.

4. La enfermedad de Creutzfeldt-Jakob es producida por un virus lento y su evolución es relativamente rápida. Tiene en común con la enfermedad de Alzheimer una ligera acumulación anormal de proteína.

5. La enfermedad de Wilson produce una demencia progresiva, pero es una dolencia poco común, asociada con deficiencias hepáticas.

6. La enfermedad de los cuerpos de Lewy es cada vez más conocida y constituye quizá la segunda causa más común de demencia, después de la enfermedad de Alzheimer.

La edad es uno de los factores más importantes para un diagnóstico exacto del mal de Alzheimer. Es poco probable que una demencia que empiece antes de los 60 años sea enfermedad de Alzheimer (salvo en los casos de personas con síndrome de Down). La manera más común de diagnosticar la enfermedad de Alzheimer es practicarle al paciente una serie de pruebas psicológicas y de comportamiento.

P/ **¿En qué consisten estas pruebas?**

Los médicos les hacen a los enfermos, o a los posibles enfermos, una serie de preguntas simples, como, por ejemplo, dónde y cuándo nacieron, qué día de la semana es, en dónde se encuentran, cuál es el nombre del presidente de la república, en qué país viven, cuál es el partido de gobierno. Éstas son preguntas cuyas respuestas conoce todo el mundo. Si el interrogado se siente confundido con ellas, entonces es posible que padezca la enfermedad de Alzheimer.

Una prueba parecida, concebida para medir el coeficiente intelectual (CI) y conocida como escala Wechsler de inteligencia adulta, consiste también en una serie de preguntas simples (como, por ejemplo, cuántas alas tiene un pájaro, en qué se parecen un león y un tigre) y preguntas de memoria fáciles.

Existen otros cuestionarios psicológicos con pruebas de inteligencia y niveles de memoria; éstos son el medio más común para llegar a un diagnóstico de demencia.

## ¿Existen técnicas o instrumentos científicos que puedan ayudar a hacer un diagnóstico?

Sí. Los electroencefalogramas (EEG) miden la actividad de las ondas cerebrales y registran las frecuencias de voltaje generadas por el cerebro, lo cual puede dar algunos indicios. En quienes padecen la enfermedad de Alzheimer el ritmo de las ondas cerebrales se reduce considerablemente y los cambios se notan más en las zonas del cerebro relacionadas con la memoria.

Los médicos también pueden llevar a cabo un examen del líquido cefalorraquídeo en las primeras etapas del diagnóstico. Éste es un procedimiento habitual para el cual sólo se necesita el pinchazo de una aguja de jeringa.

Los rayos X no sirven para nada en el diagnóstico de la enfermedad de Alzheimer, pues con ellos se obtiene una imagen del cráneo más que del cerebro. La tomografía axial computadorizada (TAC) es el examen más importante que para el diagnóstico pueden llevar a cabo los médicos. Gracias a este escanograma se puede ver el cerebro y los médicos pueden detectar pequeños daños, como trombos o tumores. Sin embargo, como sucede con los demás exámenes, las señales inequívocas de la enfermedad de Alzheimer sólo aparecen en el TAC cuando la enfermedad ya está bastante avanzada, y no sirve para detectarla en sus primeras etapas.

Científicos estadounidenses han descubierto que las gotas utilizadas en los exámenes de los ojos producen una reacción de hipersensibilidad en personas con enfermedad de Alzheimer y, según las primera pruebas, éste parece ser un método de diagnóstico con un 95 por ciento de precisión.

En Oxford (Gran Bretaña) un grupo de médicos ha descubierto que la tomografía computadorizada de rayos X y la simple tomografía computadorizada de emisión de fotón (ambas son formas avanzadas de escanografía cerebral) pueden dar indicios sobre la existencia de la enfermedad de Alzheimer.

En los Estados Unidos y la Gran Bretaña se ha llevado a cabo de manera conjunta una prueba genética que establece la probabilidad de que el mal de Alzheimer se desarrolle en pacientes con el síndrome de Down. Es una prueba basada en la huella digital de ADN y, según los investigadores, se puede usar en fetos para predecir la probabilidad de que la enfermedad de Alzheimer aparezca en la edad adulta.

El valor principal de las pruebas y los exámenes de escáner no reside tanto en el hecho de que se pueda hacer un diagnóstico inequívoco de la enfermedad de Alzheimer sino en que se puede descartar la posibilidad de que existan otras enfermedades. Algunas enfermedades cerebrales son tratables y por esa razón vale la pena hacer los exámenes.

La única manera de diagnosticar con toda precisión la enfermedad de Alzheimer es haciendo la autopsia del cerebro. Muchos médicos consideran que el diagnóstico de la enfermedad de Alzheimer sólo es una opinión clínica y es probable que esta situación se mantenga igual en el futuro inmediato.

En general, para diagnosticar la enfermedad de Alzheimer los médicos confían más en las pruebas psicológicas y en las observaciones sobre el comportamiento que en equipos sofisticados. Sin embargo, se sigue investigando para descubrir un examen sencillo de diagnóstico temprano que le permita a la gente beneficiarse de algún tratamiento y prepararse para los duros tiempos que se avecinan.

## P/ ¿Existen síntomas tempranos de la enfermedad de Alzheimer?

En general, no. La enfermedad aparece sin previo aviso y su evolución puede ser rápida o lenta. Sin embargo, el síntoma más notable es una irreversible pérdida de la memoria, que cada día se vuelve peor.

## P/ ¿En qué se diferencia la enfermedad de Alzheimer de la depresión?

Al principio puede ser difícil distinguir entre la depresión, que no es un padecimiento duradero, y la enfermedad de Alzheimer, que sí lo es. A muchas personas de edad se les diagnostica enfermedad de Alzheimer y reciben el tratamiento correspondiente, cuando en realidad lo que tienen es una seria depresión. El panorama tiende a confundirse, pues la depresión es una característica de la mayoría de las demencias, por lo menos durante algunas etapas.

Es importante diferenciar ambas cosas, pues la depresión puede ser tratable mediante el uso adecuado de drogas, psicoterapia o terapia de grupo.

El diagnóstico de una depresión suele producirse cuando hay cambios en el estado de ánimo o cuando las reacciones ante determinadas situaciones son muy intensas o duran más de lo normal. Esto es común después de la muerte del cónyuge o de un pariente cercano, pero en esos casos la depresión desaparece un tiempo después, aunque es posible que vuelvan a presentarse depresiones graves de vez en cuando.

Los síntomas comunes de la depresión son:

1.  Alteraciones en el estado de ánimo.

2.  Pérdida de la memoria.

3.  Mal humor por la mañana, que va desapareciendo paulatinamente durante el día.

4.  Se tiene conciencia del problema.

5.  Uso de drogas, alcohol, comida o nicotina para sentir alivio.

En contraste, los síntomas más comunes de la demencia son:

1.  Un declive uniforme a lo largo de los meses o de los años, sin una mejoría en los estados de ánimo.

2.  El enfermo hace esfuerzos por ocultar a las otras personas la pérdida de la memoria.

3.  La enfermedad parece empeorar a medida que avanza el día y el enfermo está más cansado.

4.  No se tiene en absoluto conciencia del problema.

5.  No se intenta mejorar el estado de ánimo mediante el consumo de drogas, alcohol, comida o nicotina.

No sobra decir que los médicos no siempre perciben la diferencia entre la demencia y la depresión, y pueden iniciar un tratamiento inadecuado. También es fácil confundir la apatía, producida por la depresión, y la demencia, especialmente en estos tiempos en que se sospecha tanto de la presencia de la enfermedad de Alzheimer, aun cuando no se haya confirmado.

P/ **¿Sólo la gente de edad avanzada padece la enfermedad de Alzheimer?**

La enfermedad de Alzheimer afecta principalmente a personas con más de 60 años pero, en algunas escasas ocasiones, puede afectar a personas de 30, 40 ó 50 años. La enfermedad de

Alzheimer se hace más común a medida que aumenta la edad.

## ¿Puede heredarse la enfermedad de Alzheimer?

En algunos casos parece que sí. Los científicos han descubierto que las personas que sucumben a la enfermedad de Alzheimer a edad relativamente temprana — a los 40 ó 50 años — suelen tener una predisposición genética a sufrir esta enfermedad. Sin embargo, es probable que la enfermedad de Alzheimer tenga un componente genético en todos los casos. Actualmente se adelantan investigaciones a este respecto.

## La enfermedad de Alzheimer se ha relacionado con el aluminio. ¿Qué pruebas existen que confirmen esta relación?

La relación entre el aluminio y la enfermedad de Alzheimer sigue siendo un tema controversial. El profesor John Edwardson, de la unidad de patología neuroquímica del hospital de Newcastle-upon-Tyne (Inglaterra), fue el primero en estudiarlo. Su equipo de investigadores observó que en el cerebro de los pacientes con enfermedad de Alzheimer que vivían en regiones en donde se trataba el agua para bajarle sus altos contenidos de turba había trazas de aluminio. La siguiente etapa era determinar cómo hacía este metal para atravesar la barrera de la sangre en el cerebro; el trabajo del profesor Edwardson mostró que el aluminio puede unirse a una importante molécula de la sangre, conocida como *transferrina*.

En apoyo de esta teoría, se observó que, en los primeros días de la diálisis renal, los pacientes con afecciones en los riñones recibían cantidades excesivas de aluminio y parecían tener un riesgo mucho mayor de contraer la enfermedad de Alzheimer que las personas que ingerían el aluminio a través del agua. Existen también algunas pruebas de que las personas a quienes se les aplican muchas inyecciones corren un mayor riesgo de llegar a padecer la enfermedad de Alzheimer, debido al contenido de aluminio de las jeringas hipodérmicas.

La teoría del aluminio prosperó gracias a que uno de los hallazgos más recurrentes en los exámenes *post mortem* era un exceso de aluminio en el cerebro. Sin embargo, en la mayoría de las víctimas de la enfermedad las cantidades adicionales de aluminio eran extremadamente pequeñas y podían ser detectadas sólo mediante instrumentos muy sensibles. Otros investigadores descubrieron que, de todas maneras, el cerebro de las personas de edad tiende a acumular aluminio, tengan o no la enfermedad de Alzheimer. El aluminio no cumple ninguna función biológica conocida en los seres humanos y, de cualquier modo, el exceso de aluminio que se encuentra en personas que padecieron el mal de Alzheimer es extremadamente pequeño.

Todo el mundo está expuesto al aluminio, pues es muy abundante en la naturaleza; sin embargo, no sabemos por qué puede ser perjudicial para el cerebro de algunas personas. Existe una teoría según la cual las personas propensas a contraer la enfermedad de Alzheimer tienen alguna deficiencia metabólica que hace que su organismo acumule aluminio, pero esto está aún por demostrarse.

La mayoría de los médicos especializados en la enfermedad de Alzheimer creen que no es necesario deshacerse de las ollas o de otros utensilios hechos de aluminio, pues las pruebas de que éste produce la enfermedad son demasiado frágiles. Últimamente se viene diciendo que los pacientes con enfermedad de Alzheimer no tienen nada que ganar si reducen su ingestión de aluminio. Parece ser que el aluminio es tan sólo uno de los muchos factores ambientales que pueden producir o acelerar el avance de la enfermedad.

P/ **Si el aluminio es descartable, ¿qué otra cosa puede causar la enfermedad de Alzheimer?**

Es posible que no exista una sola y única causa, así como no existe, ni existirá, una causa única del cáncer. Puede que haya un factor genético que haga que el cerebro de ciertas personas esté más predispuesto a padecer el desorden y la desintegración que produce la enfermedad de Alzheimer, pero esto está aún por demostrar. En este momento se llevan a cabo numerosas investigaciones para descubrir posibles factores genéticos. Estas investigaciones pueden aportar o no en el futuro información valiosa. Sin lugar a dudas, la genética es el campo de investigación más apasionante para comprender las enfermedades pero, en el caso de la enfermedad de Alzheimer, aún no se puede prever quién podría ser una posible víctima.

Otro popular campo de investigación en la actualidad es el de los virus. La mayoría de las infecciones virales, como la gripe y el catarro, se desarrollan y terminan en un tiempo relativamente corto. Algunas infecciones cerebrales graves evolucionan rápidamente pero, en las enfermedades virales más graves, el virus permanece latente en el organismo durante años. La conexión entre la genética y las infecciones virales es que los individuos pueden nacer con los virus en su organismo, los cuales no se hacen evidentes sino al cabo de muchos años. Se sabe que algunos virus llamados "lentos" pueden afectar al cerebro, y se ha pensado que la enfermedad de Alzheimer puede pertenecer a esa categoría. La causa más probable de la enfermedad de Alzheimer puede ser el agente causante de la enfermedad de Creutzfeldt-Jakob que, en algunos casos, es de carácter familiar.

La teoría más reciente plantea que la enfermedad de Alzheimer es producto de una disfunción hereditaria de una proteína protectora del cerebro. Un experto en la enfermedad de Alzheimer, el doctor Allen Roses, de la Universidad de Duke (Estados Unidos), creía anteriormente que la enfermedad se limitaba a deteriorar el cerebro de ciertas personas susceptibles a ello. Después descubrió una proteína conocida como ApoE4, que al parecer carece de capacidad para unirse a otra proteína llamada tau. Los pacientes con enfermedad de Alzheimer tienen exceso de ApoE4.

Según parece, la proteína tau libre puede causar daño a las neuronas, y es probable que las personas con ApoE4 sean particularmente propensas a contraer tardíamente la enfermedad de Alzheimer. El doctor Roses y su equipo esperan que un sustitutivo de la ApoE4 pueda prevenir la enfermedad evitando que queden libres las proteínas tau. Sin embargo, primero debemos saber más sobre qué tipo de personas corren mayor riesgo de contraer la enfermedad. No tiene mucho sentido recetar determinado medicamento a toda una nación cuando solamente unas cuantas personas pueden padecer la enfermedad. Los costos serían prohibitivos.

Puede que algún día se descubra un método para diagnosticar tempranamente la enfermedad de Alzheimer, pero no es probable que esto suceda en un futuro cercano. Incluso si se encontrase este método, poca sería su utilidad si no existe una manera infalible de detener el desarrollo de la enfermedad.

**P/ ¿Hay alguna deficiencia en el sistema inmunitario de las personas con enfermedad de Alzheimer?**

Muchas de las enfermedades relacionadas con la edad ocurren porque el sistema inmunitario deja de trabajar eficientemente. Para funcionar de manera apropiada, el sistema inmunitario debe reconocer y atacar los virus, las bacterias y las células extrañas; algunas enfermedades, como el cáncer, tienen lugar porque el cuerpo ya no establece diferencia entre tejido normal y anormal.

Existen algunas pruebas, aunque no contundentes, de que la enfermedad de Alzheimer puede ser causada por una disfunción del sistema inmunitario, que hace que se produzca la proteína ß-péptido amiloide, causante de la destrucción de las neuronas en quienes padecen la enfermedad de Alzheimer.

Si la enfermedad de Alzheimer es causada por un

sistema inmunitario defectuoso, todavía queda por responder la pregunta de qué hace que el sistema inmunitario se deteriore. Ciertamente, no se trata de un problema de la edad, pues no todas las personas ancianas padecen la enfermedad de Alzheimer.

### P/ ¿Existe alguna relación entre la enfermedad de Alzheimer y el sida?

El sida puede afectar al cerebro de una manera similar a la de la enfermedad de Alzheimer. Los primeros síntomas del sida son apatía, disminución de la velocidad de los procesos mentales y pérdida de la memoria y la concentración, acompañados algunas veces por desórdenes del estado de ánimo y paranoia. En el futuro será necesario incluir una prueba de VIH para descartar el sida al hacer un diagnóstico de enfermedad de Alzheimer.

### P/ ¿Pueden las personas que padecen la enfermedad de Alzheimer comprender el diagnóstico?

El hecho de que la enfermedad de Alzheimer sea reconocida cada vez más temprano (aunque, como hemos visto, todavía no existe una prueba de diagnóstico totalmente confiable) significa que hay un mayor número de personas que deben enfrentar un diagnóstico positivo cuando están aún en capacidad de comprender. El ex presidente Ronald Reagan anunció hace algún tiempo que probablemente padecía la enfermedad de Alzheimer, aunque el diagnóstico será una cuestión de probabilidad y opinión más que un hecho probado hasta que se haga un examen *post mortem* de su cerebro.

## ¿Un golpe en la cabeza puede ser causante de la enfermedad de Alzheimer?

Algunos expertos han sentado la hipótesis de que los golpes en la cabeza pueden provocar una producción excesiva de ß-péptido amiloide, la proteína asociada con el deterioro cerebral propio de la enfermedad de Alzheimer. En 1991, un grupo de investigadores británicos que examinaban el cerebro de víctimas de accidentes de tránsito con heridas en la cabeza encontraron depósitos de la mencionada proteína similares a los que se forman en el cerebro de quienes padecen la enfermedad de Alzheimer. El doctor Gareth Roberts, el experto que planteó por primera vez la teoría de los golpes en la cabeza, cree que la enfermedad de Alzheimer puede tener diversas causas y que los golpes no se pueden descartar. Una acumulación de proteína similar a la de la enfermedad de Alzheimer se observa en el cerebro de boxeadores que han sufrido golpes graves.

## ¿Puede haber un factor alimentario?

Hay una teoría extremadamente controversial respecto al hecho de que comer carne puede conducir a la enfermedad de Alzheimer. Los médicos e investigadores ortodoxos rechazan esta teoría.

Se sabe que la enfermedad de Alzheimer tiene alguna conexión con la enfermedad de Creutzfeldt-Jakob, infección viral lenta relacionada con la encefalopatía espongiforme bovina (EEB, conocida como la enfermedad de la "vaca loca").

Los métodos modernos de producción de carne, entre los cuales se cuenta el de alimentar a las vacas con proteínas de animales muertos, incluso con vacas, pueden producir EEB. Se cree que las vacas, herbívoras por naturaleza, empiezan a producir más proteína ß-péptido amiloide cuando las alimentan de esta manera. La proteína se acumula en el cerebro de las vacas, que se llena de agujeros y queda como un colador.

Puesto que la EEB está relacionada con la alimentación, se cree que la enfermedad de Creutzfeldt-Jakob se produce de una manera similar, pero no existen pruebas de ello. En todo caso, vale la pena tener en cuenta que las enfermedades de degeneramiento del cerebro humano (en las cuales se da una acumulación similar de proteína ß-péptido

amiloide) también podrían tener causas alimen-
tarias. Es posible que la ingestión de carne de
bovinos y ovinos que contengan proteínas anor-
males pueda desencadenar una enfermedad similar en los seres humanos. Sin embargo, por el
momento todo esto es altamente especulativo.

No se sabe si los vegetarianos tienen menor riesgo que los carnívoros de contraer la enfermedad
de Alzheimer pero, sin lugar a dudas, la enfermedad no está reservada únicamente a los que comen carne.

También se ha dicho que comer frutas cocidas en
ollas de aluminio puede, por contener ellas este
metal, causar la enfermedad de Alzheimer; sin
embargo, no hay pruebas sólidas al respecto.

# II Opciones de tratamiento

**P/** **¿Qué clase de preguntas hacen los médicos cuando sospechan que un paciente tiene la enfermedad de Alzheimer?**

Los parientes o los amigos de una persona con enfermedad de Alzheimer son los primeros en darse cuenta, antes que el propio afectado, de que algo anda mal. Por esa razón, las personas cercanas al enfermo deben consultar con el médico en cuanto vean que la pérdida de la memoria y la confusión se han vuelto permanentes y ya no son pasajeras. Es posible que el origen del problema no sea la enfermedad de Alzheimer y que se le pueda dar un tratamiento.

El síntoma principal de la enfermedad de Alzheimer es siempre el mismo: pérdida de la memoria. Los médicos harán preguntas con el propósito de establecer exactamente el alcance de la pérdida de la memoria y determinar si ésta ha empeorado en el transcurso de los últimos meses.

Algunas personas son siempre olvidadizas y, además, no hay que pensar que un individuo tiene la enfermedad de Alzheimer simplemente porque está viejo. Sin embargo, cualquier cambio notable en la memoria, que no corresponda al carácter de la persona, puede ser significativo.

El médico también querrá saber si en el pasado el paciente ha sufrido algún daño cerebral o si está tomando drogas o alcohol en exceso.

Si el médico sospecha que se trata de la enfermedad de Alzheimer, pedirá que le lleven al paciente para hacerle un completo examen físico. También le ordenará al paciente que se practique exámenes de laboratorio para ver si hay otras enfermedades como anemia, cáncer, infecciones o tumores cerebrales. El médico puede realizar algunos exámenes psicológicos o remitir al paciente a un especialista en este campo. Puede pasar algún tiempo antes que pueda confirmarse la presencia de la enfermedad de Alzheimer.

P/ **¿Llegará el día en que se cree una droga para curar la enfermedad de Alzheimer?**

Todos esperamos que algún día se cree una droga para curar la enfermedad de Alzheimer, pero hasta ahora todos los esfuerzos han sido en vano.

Uno de los problemas de la medicina moderna es que el público siempre está convencido de que existe una droga eficaz a la vuelta de la esquina.

En algunos casos sí ha ocurrido de este modo. Por ejemplo, hasta que se crearon drogas eficaces para curar la cistitis, los pacientes morían de esta dolencia. Sin embargo, para muchas de las complicadas enfermedades de hoy en día no existe una simple droga que las cure de una vez y para siempre.

En todo el mundo se llevan a cabo investigaciones para dar con la cura del cáncer, el sida, la artritis y las enfermedades cardíacas. Hasta ahora, aunque algunos medicamentos pueden reducir los síntomas y, en algunos casos, prolongar la vida, siempre tienen efectos secundarios indeseables o terminan siendo totalmente inútiles después de un comienzo promisorio.

Por el momento, la búsqueda de una droga para la enfermedad de Alzheimer parece seguir el mismo patrón. Investigadores y científicos se emocionan enormemente con nuevas drogas, pero después descubren con pesar que sólo les sirven a unas pocas personas o que los efectos secundarios son intolerables y peores que la enfermedad. El problema reside en descubrir una manera de generar tejido cerebral nuevo y saludable; sin embargo, todo lo que la ciencia ha conseguido hasta ahora es limitar levemente el deterioro.

## P/ ¿En qué van las investigaciones?

Un equipo de la Universidad de Bristol (Gran Bretaña) está sintetizando una hormona del crecimiento de los nervios; es una proteína que se produce de manera natural, y se piensa que es la sustancia con mayores posibilidades de detener o revertir la enfermedad. En forma natural esta sustancia sólo se produce en pequeñas cantidades, pero ahora ha sido producida mediante la ingeniería genética.

Una vez que concluyan los ensayos clínicos y la nueva sustancia reciba la aprobación ética, la intención es inyectarla en el cerebro de ciertos pacientes elegidos, mediante un procedimiento de neurocirugía. Si los resultados son positivos, el equipo de Bristol tratará de crear una pastilla que pueda suministrarse más fácilmente. El profesor Gordon Wilcock, jefe del equipo de Bristol, cree que la hormona del crecimiento de los nervios, o factor de crecimiento nervioso (FCN), como también se la conoce, constituye un gran avance para las personas que padecen la enfermedad de Alzheimer.

El FCN fue identificado por primera vez en 1948 por científicos italianos, pero su relación con la enfermedad de Alzheimer no se reconoció hasta 1988. En ese año se descubrió que el FCN ayudaba a mantener vivas algunas de las neuronas que la enfermedad de Alzheimer amenaza destruir. El profesor Wilcock señala que, aunque se puede suministrar en grandes cantidades, la droga sólo es eficaz durante las primeras etapas de la enfermedad:

"Nada hará que una persona con demencia vuelva a la normalidad. Pero a la postre, en los casos de diagnóstico temprano, podremos evitar que los pacientes empeoren y lograr que mantengan una capacidad intelectual aceptable".

## ¿Qué drogas se pueden conseguir en la actualidad?

Existen varias drogas que sirven para tratar los síntomas de la enfermedad de Alzheimer. La droga que más sensación ha producido en el mundo médico es la tacrina (THA). Ésta es, por ahora, la droga anticolinérgica más moderna. Actúa bloqueando la enzima presente en la división de la acetilcolina en el cerebro. La acetilcolina es un neurotransmisor — es decir, lleva las señales electroquímicas de una célula a otra — y se cree que tiene alguna participación en la enfermedad de Alzheimer.

En el cerebro de pacientes con la enfermedad de

Alzheimer se han encontrado bajos niveles de acetilcolina y se espera que, retardando la división de la acetilcolina, la tacrina también pueda retardar el deterioro mental.

El primer informe médico sobre la tacrina se publicó en *The Lancet* en 1991. En ese entonces, los investigadores del Hospital Maudsley, en Londres, afirmaron que la sustancia podía retardar hasta un año el deterioro en los pacientes con enfermedad de Alzheimer. Después de este estudio, se realizaron más investigaciones que indicaron que los beneficios de la tacrina eran pocos o nulos. También existe la preocupación de que esta droga pueda ser perjudicial para el hígado y, por esta razón, no se autorizó su fabricación en Gran Bretaña. En Francia le concedieron licencia a la tacrina en el año 1994 y en Estados Unidos en 1995; allí se han presentado ligeras mejorías en algunos pacientes.

Otras drogas que están bajo observación han demostrado ser menos útiles aún para el tratamiento de la enfermedad de Alzheimer; aunque algunas han tenido éxito en la reducción de la depresión y el mejoramiento del estado de ánimo, no han tenido ningún efecto sobre el avance de la enfermedad.

Uno de los mayores problemas en la creación de

drogas para tratar la enfermedad de Alzheimer es que hay muy poco consenso sobre las causas de la enfermedad. Todo lo que se conoce hasta el momento son los efectos y el hecho de que la enfermedad se caracteriza por las placas y los nudos.

No se sabe hasta el momento qué hace que algunas personas produzcan en exceso la proteína ß-péptido amiloide. Puede que sean muchos los factores que influyen (un equipo del Hospital de Saint Mary, en Londres, descubrió que los traumatismos en la cabeza pueden desencadenar la producción de depósitos de amiloide), pero hasta ahora sólo existen conjeturas.

Pocas personas con enfermedad de Alzheimer están genéticamente predispuestas a producir en exceso esta proteína; las investigaciones indican que todas las anormalidades cerebrales asociadas con la enfermedad de Alzheimer surgen por causa del exceso de ß-péptido amiloide. Es probable, entonces, que una droga que reduzca los niveles de amiloide pueda ser la solución.

Sin embargo, ninguna droga de esta naturaleza se vislumbra todavía en el horizonte. El doctor Gareth Roberts, de la facultad de medicina del Hospital de Saint Mary, cree que, si se pudiera eliminar sin peligro el exceso de proteína, se podría detener la evolución de la enfermedad.

¿Pero cómo se puede eliminar la proteína? ¿Y cómo se puede evitar que la proteína se siga formando en el cerebro de los enfermos?

Un informe aparecido en *Drug and Therapeutics Bulletin* (mayo de 1990) concluye que las drogas específicas para tratar la enfermedad de Alzheimer son generalmente ineficaces y que, aunque ahora se comprende mejor que nunca el proceso de la enfermedad, no se han producido verdaderos avances terapéuticos.

Para terminar, dice el informe que la mejor actitud es dar todo el apoyo posible a las personas encargadas de cuidar a los enfermos y tratar, cuando surjan, los problemas del estado de ánimo y del comportamiento con otro tipo de drogas.

## P/ ¿Existen drogas que produzcan una mejoría?

Aunque no existen drogas que curen la enfermedad, se pueden necesitar algunos medicamentos para controlar los peores síntomas.

Si el enfermo se pone demasiado ansioso, el médico podría recetarle drogas para controlar la ansiedad. Éstas no sirven para detener el avance de la enfermedad, pero permiten que el cuidado diario del paciente sea menos difícil. A los pacientes que se pongan belicosos, agresivos u hostiles pueden prescribírseles tranquilizantes. La deambulación nocturna por toda la casa, síntoma común de la enfermedad de Alzheimer, puede ser molesta e incluso peligrosa; por lo tanto, podría ser útil darle sedantes al enfermo para que al menos los demás miembros de la familia puedan dormir un poco. Algunos pacientes también sufren calambres y ataques, generalmente en las últimas etapas de la enfermedad, y para ello no hay tratamientos eficaces con droga. Tampoco se pueden mejorar las cosas con una intervención quirúrgica.

El tratamiento con drogas para reducir los síntomas de la enfermedad de Alzheimer no es un asunto sencillo, pues todas las drogas fuertes pueden tener efectos secundarios adversos en las personas de edad, debido a que su organismo no asimila muy bien los medicamentos. Pueden producirse efectos secundarios como el síndrome parkinsoniano, y eso, sumado a la enfermedad de Alzheimer, puede hacer que el manejo del paciente se ponga realmente difícil.

Algunas drogas pueden producir rigidez muscular y temblores. Los tranquilizantes, como el válium, son quizá los más seguros en pequeñas dosis, pero empeoran la pérdida de la memoria. Los tranquilizantes pueden producir adicción, pero esto tiene pocas consecuencias en los pacientes con enfermedad de Alzheimer.

No es fácil escoger un régimen de drogas para un paciente con enfermedad de Alzheimer, pues no hay medicamentos concebidos especialmente para esta dolencia; todos fueron creados con otros propósitos. Aunque podemos suponer que debe de haber algunas drogas que sirvan, esto no parece ser así en el caso de la enfermedad de Alzheimer. Hasta ahora, no parece que ninguna droga sirva durante mucho tiempo, o los efectos secundarios son demasiado graves y no vale la pena seguir con el tratamiento.

La mayoría de los médicos especializados en la enfermedad de Alzheimer indican que cualquier droga debe administrarse sólo en pequeñísimas dosis, para ver qué sucede. Si se produce alguna mejoría, se puede seguir adelante con el tratamiento. A la mayoría de los pacientes con enfermedad de Alzheimer se les prescribe algún régimen de drogas en determinada etapa de la enfermedad, para aliviar los síntomas y aligerar la carga de las personas que deben cuidarlos.

### P/ ¿Existen tratamientos alternativos o complementarios que sirvan de algo?

Hasta ahora, ninguno de esos tratamientos ha salido airoso después de una investigación. Existe una diferencia básica entre los tratamientos ortodoxos y los tratamientos alternativos. El tratamiento convencional es pasivo y se limita a que el médico recete pastillas o practique una intervención quirúrgica; el paciente no aporta nada al tratamiento.

Por el contrario, todos los tratamientos alternativos exigen la participación del individuo; es decir, el paciente asume un papel activo en su tratamiento.

Esto nos plantea la primera dificultad en la creación de un tratamiento alternativo para los pacientes con enfermedad de Alzheimer, pues éstos rara vez pueden hacerse cargo de sí mismos y por lo general no tienen la menor idea de lo que les está ocurriendo. Por consiguiente, no están en capacidad de seguir ningún tipo de régimen alternativo.

Con todo, se han hecho algunos intentos en medicina alternativa o no convencional en vista de que los tratamientos médicos y las drogas han dado resultados tan desfavorables, pero la mayoría de los expertos creen que se trata de simple curanderismo y no de tratamientos realmente eficaces.

Los dos tratamientos alternativos básicos son la corticosupresión y la terapia de quelación.

La corticosupresión se basa en la hipótesis de que

los pacientes con enfermedad de Alzheimer producen en exceso una hormona (la hormona adrenocorticotrópica o ACTH), pero no existen pruebas para confirmar esta hipótesis y el tratamiento es ineficaz.

La terapia de quelación es ampliamente recomendada por clínicas integrales y complementarias. Este tratamiento se basa en la teoría de que el cerebro de los pacientes con enfermedad de Alzheimer contiene exceso de aluminio y que los quelantes — compuestos químicos capaces de eliminar ciertos metales de los tejidos — pueden suprimir este exceso de aluminio.

En este momento, se vienen llevando a cabo en los Estados Unidos experimentos científicos sobre la terapia de quelación, pero aún no se ha llegado a ninguna conclusión. En Gran Bretaña estuvo en boga hace unos años el uso de la terapia de quelación, pero los resultados no estuvieron a la altura de la expectativa inicial.

La terapia de quelación puede resultar perjudicial para los pacientes con enfermedad de Alzheimer porque los quelantes suprimen los minerales esenciales y no esenciales del organismo. En particular, se pueden perder el calcio y el magnesio.

Otro aspecto de los tratamientos alternativos es

el costo; las dificultades económicas son comunes entre las familias que deben habérselas con la enfermedad de Alzheimer.

Aunque algunos tratamientos, como los masajes, la aromaterapia y las técnicas de relajación, pueden ayudarles a los pacientes a sentirse mejor, ninguno de ellos puede detener el avance de la enfermedad. Lo más indicado es no iniciar ningún tratamiento alternativo o complementario cuando no hay ninguna base lógica para acudir a ellos en lo que concierne a esta enfermedad en particular.

# III El cuidado de los pacientes con enfermedad de Alzheimer

**P/** **¿Pueden los pacientes con enfermedad de Alzheimer valerse por sí mismos?**

En las primeras etapas, sí. Sin embargo, al cabo de un tiempo, según el avance de la enfermedad, todos los pacientes necesitarán una atención especializada durante las 24 horas del día. Infortunadamente, no hay alternativa; las familias y las personas encargadas de cuidar a los enfermos deben prepararse para cuando llegue ese momento. No tiene sentido esperar que esto no será necesario o que la enfermedad se detendrá en una etapa temprana. Uno de los aspectos más tristes de la enfermedad de Alzheimer es que cada día empeora.

**P/** **¿Cuál es la mejor forma de cuidar a un enfermo?**

En los últimos años se han hecho grandes progresos en la comprensión humana de las personas con enfermedad de Alzheimer y en la forma de cuidarlas (se habla de cuidados y no de tratamiento, pues no existe ninguno que sea eficaz). Lo más importante es que los encargados de cuidar a los enfermos sepan todo sobre la evolución de la enfermedad, para que estén preparados y el impacto sea menor.

Es muy penoso ver que un ser querido se hunde paulatinamente en la enfermedad de Alzheimer y las personas que lo cuidan tienden a imaginar que puede haber una mejoría si le dan una atención muy amorosa. Infortunadamente, esto no es así y, en muchos sentidos, la tarea de cuidar a una persona con esta dolencia es desagradecida.

Las personas que cuidan a los enfermos deben saber qué tanta capacidad mental le queda al paciente y cuál es la diferencia entre esa capacidad y la que tenía, por ejemplo, un año atrás. En las primeras etapas de la enfermedad, los pacientes pueden darse cuenta de que están perdiendo la memoria, pero tienden a negarlo o a restarle trascendencia. Cuando esto suceda, la persona encargada de cuidar al enfermo no debe confrontarlo con la verdad, pues esto no será de ningún provecho; lo que sí debe hacer es prever en qué momento la pérdida de la memoria adquirirá los peores aspectos.

Es fácil imaginar que todos los que padecen la enfermedad de Alzheimer llegarán finalmente a un mismo punto, pero esto no es así. Las reacciones frente a la enfermedad, y la enfermedad misma, varían considerablemente, y lo único que se puede hacer es recordar cómo era la personalidad del paciente. Ciertos aspectos de la antigua personalidad permanecen durante largo tiempo.

No sólo los enfermos suelen negar que algo malo pasa; esta actitud también se observa en los parientes y en las personas encargadas de cuidarlos. Dado que aún existe una estigmatización de las enfermedades que afectan a las capacidades mentales, los parientes y las personas encargadas de cuidar a los enfermos también querrán negar y quitarle trascendencia a la enfermedad. Los médicos han observado que el cónyuge suele ser el último en aceptar la aparición de la demencia; trata de convencerse a sí mismo de que nada malo ocurre o trata de hallarles otras explicaciones a los síntomas.

Por lo general son los niños mayores, los vecinos u otros parientes los primeros en darse cuenta o por lo menos los primeros en decir que algo anda mal. El cónyuge casi siempre busca atribuir los síntomas al inevitable proceso de envejecimiento. La mejor y más valiente actitud es admitir el problema y luego volverse tan experto como sea posible para manejarlo. La aceptación de los hechos suele ser la mitad de la batalla.

P/ **¿Qué debo hacer si tengo la sospecha de que una persona cercana a mí ha contraído la enfermedad de Alzheimer?**

Lo primero que debe hacer es buscar asesoramiento médico. Si bien no existen tratamientos clínicos eficaces, hay algunas cosas que los médicos puede hacer para ayudar. Usted no debe tratar de hacerlo todo solo y debe tener en cuenta que los problemas compartidos son más llevaderos.

Dígale al médico cuáles son los síntomas que usted ha observado y pídale una opinión. Si usted es el cónyuge del enfermo, es posible que lo más difícil sea aceptar que habrá un deterioro gradual y que usted finalmente perderá, en todo el sentido de la palabra, a la persona que usted más quiere.

Si se confirma la presencia de la enfermedad de Alzheimer, lo primero que debe hacerse es convencer a la persona afectada de que abandone las actividades que ya no puede desempeñar bien, como conducir un vehículo. Esto no es fácil, pues casi todas las personas creen que no tienen ningún problema cuando se hallan ante el volante, incluso cuando hace ya mucho tiempo se han convertido en un peligro en las calles. Los médicos pueden ser de gran utilidad para convencer a la persona afectada de que es mejor que no vuelvan a conducir. Algunos médicos aconsejan que se escondan las llaves del automóvil, si la persona insiste en conducir.

También puede ser necesario que el enfermo se jubile tempranamente de su trabajo, especialmente si éste implica tareas peligrosas o delicadas. En muchos casos, la principal persona encargada de cuidar al enfermo deberá pensar también en retirarse de su trabajo, pues no pasará mucho tiempo antes que el enfermo necesite atención permanente y no se lo pueda dejar solo.

Existen centros, clubes y sociedades especializados en la enfermedad de Alzheimer que pueden aliviar las cargas de la persona que tiene un enfermo a su cuidado. Usted debe explorar todas las opciones que se le ofrecen en la ciudad o la región donde vive.

Hay centros diurnos atendidos por voluntarios expertos en el cuidado de pacientes que padecen la enfermedad de Alzheimer. Aunque muy pocos enfermos tienen idea de lo que ocurre, pasan el tiempo dedicados a sencillos juegos de mesa (durante los cuales los pacientes suelen olvidar las reglas básicas) y cantando. Rosemary Varney, que trabaja en uno de estos centros diurnos, cuenta que casi ninguno de los pacientes canta afinado y muy pocos recuerdan las letras, pero eso no importa. Lo importante es que los pacientes que ya no recuerdan cómo hablar todavía saben cómo cantar. Estos centros diurnos son una bendición para los parientes encargados de cuidar a los enfermos.

## P/ ¿Debo ayudarle al enfermo a que mantenga activo el cerebro?

La mayoría de los expertos creen que esto es inútil y contraproducente. Uno puede verse tentado, durante las primeras etapas, a tratar de estimular al enfermo para que el cerebro siga trabajando. Recuerde, sin embargo, que el cerebro se está deteriorando lentamente y que los enfermos olvidan las cosas porque el cerebro ya no les funciona en toda su capacidad.

A medida que vayan perdiendo más funciones cerebrales, las personas con enfermedad de Alzheimer irán abandonando paulatinamente las actividades estimulantes y los hobbies. No servirá de nada tratar de volver a hacer que se interesen en esas actividades; las habrán abandonado porque el cerebro ya no puede con ellas.

También se producirá un retiro gradual de las actividades sociales. Los enfermos tendrán cada vez más dificultad para comportarse en los actos sociales; por esa razón, las personas encargadas de cuidarlos deben procurar que haya un mínimo de nuevas ocasiones y de nuevas caras para ver.

Tome nota del momento en que el enfermo se ponga ansioso. La ansiedad es uno de los principales síntomas de la enfermedad de Alzheimer y es una señal de que el cerebro está sobrecargado. Los enfermos pueden ponerse cada vez más y más ansiosos respecto a las actividades ordinarias y cotidianas, como bañarse, vestirse o afeitarse. Cuando esto ocurra, lo mejor es convencer al enfermo de que permita que otra persona controle estas actividades. En algunos casos se puede dejar que el enfermo haga solo las cosas en cuanto le sea posible, siempre y cuando que otras personas no resulten afectadas por ello. En todo caso, las personas encargadas de cuidarlos deben estar siempre pendientes, para evitar que algo pueda causarles ansiedad innecesaria.

La mayoría de los enfermos se sienten mejor con las cosas seguras y conocidas, por lo cual las personas encargadas de cuidarlos deben limitarles la cantidad de elementos nuevos para asimilar. Lo mejor es mantener unos hábitos en los que todo, en la medida de lo posible, sigue pautas determinadas. Casi todos los médicos aconsejan que las cosas se vuelvan previsibles. Hay que tratar de hacer que las desviaciones de lo habitual sean mínimas.

Los médicos también aconsejan que se mantenga el ambiente del hogar lo más invariado posible, por lo menos mientras el enfermo viva en su casa. No cambie de sitio los muebles ni deje que se acumulen periódicos, revistas o basura, pues esto angustia al enfermo.

Algunas veces, cuando se le diagnostica la enfermedad de Alzheimer a una persona, los familiares contemplan la posibilidad de llevarla a vivir a un nuevo lugar: tal vez a una casa de campo o un hogar para minusválidos. Esto es un error en la mayoría de los casos. Cuanto menos información nueva haya que asimilar, mejor. Un ambiente nuevo puede producirle al enfermo una ansiedad excesiva porque, si no puede retener la información habitual, mucho menos podrá retener la información nueva. De ese modo aumentará la angustia y disminuirá su capacidad para razonar y ser lógico. Si es necesario mudarlo de sitio, lo mejor es hacerlo en las primeras etapas de la enfermedad, cuando todavía le queda al enfermo algo de memoria y de capacidad de razonar y aún logra comprender qué es lo que sucede.

P/ **¿Puede llegar a ser un problema la ida al baño?**

Sin duda. Algunos enfermos se vuelven incontinentes o pueden sufrir de estreñimiento. Si esto último se convierte en un problema, tal vez sea necesario administrarle al enfermo un laxante apropiado u otro tipo de droga.

En las etapas finales, el enfermo perderá la capacidad para controlar los movimientos de la vejiga y de los intestinos. El manejo de esta situación en el hogar puede volverse difícil y suele ser el factor que lleva a las personas encargadas de cuidar al enfermo a tomar la decisión de llevarlo a una casa de ancianos. No hay respuestas fáciles, pero puede ser útil pedir el consejo de su médico y estar preparado de antemano para lo inevitable.

P/ **¿El enfermo sigue teniendo interés en la actividad sexual?**

El interés en la actividad sexual, al igual que en otras actividades, se irá perdiendo gradualmente a medida que avance la enfermedad. Aunque algunos enfermos puedan empezar a usar un lenguaje sexual poco común en ellos y a preocuparse en demasía por asuntos sexuales, usted debe comprender que esto se debe a la enfermedad misma y no a ningún otro motivo.

Sin embargo, puede resultar extremadamente penoso cuando los enfermos empiezan a acusar a su pareja (sin que haya razón para ello) de tener alguna aventura amorosa a escondidas; después de hacer tales acusaciones, los enfermos sienten remordimiento y ganas de llorar. Por lo general, la mejor manera de manejar estos incidentes es hacer caso omiso de ellos pues ya pasarán, no significan nada y no tienen nada que ver con temores reales del enfermo. Sin embargo, en algunos pocos casos esas persistentes suposiciones erróneas de infidelidad pueden conducir a la violencia.

## P/ ¿Existen otros signos de decadencia física?

La vista y el oído pueden afectarse de manera notable, puesto que el cerebro se deteriora rápidamente. En general, aunque estos sentidos disminuyen gradualmente con la edad, la pérdida de la memoria puede hacerlos empeorar. Parece que estas facultades se deterioran rápidamente con la pérdida de la memoria que produce la enfermedad de Alzheimer, aunque no haya un degeneramiento físico de los ojos o de los oídos.

Por causa de la disminución de la agudeza de dichos sentidos, los enfermos pueden volverse muy ansiosos respecto a la luz y al sonido. Tal vez sea necesario tener siempre las luces encendidas, incluso de noche, para aliviar esa angustia. Algunos expertos aconsejan utilizar lámparas fluorescentes, dado que ésta es la forma de iluminación más intensa que existe y es relativamente barata.

Mantener sonando un radio o una grabadora con canciones y música bastante conocidas puede ayudar. Recuerde que a las personas con enfermedad de Alzheimer les gustan las cosas a las cuales están acostumbradas; música y canciones desconocidas les producen mucha angustia.

Los aparatos para corregir la audición no son de gran utilidad para las personas con enfermedad de Alzheimer y, en todo caso, se trata de objetos nuevos que les producirán angustia. Los investigadores de la enfermedad de Alzheimer creen que es prácticamente imposible que los enfermos se acostumbren a usar estos aparatos. Hay que evitar, en la medida de lo posible, todo ruido nuevo y perturbador.

Para resumir, la mejor manera de cuidar en casa a un paciente con enfermedad de Alzheimer es procurar que las cosas se mantengan lo más posible dentro de la calma, la seguridad y lo conocido y evitar cualquier clase de distracciones fuera de lo corriente.

**P/ Muchas personas de edad se sienten nerviosas con lo nuevo y desconocido. ¿En que difieren de ellas quienes sufren de la enfermedad de Alzheimer?**

Los pacientes con enfermedad de Alzheimer pueden habérselas bien con lo que han conocido durante bastante tiempo; lo que los inquieta es todo lo nuevo, en lo cual se incluyen personas, decorados y ambientes. Lo anterior vale también para muchas personas de edad, pero para los pacientes con enfermedad de Alzheimer no se trata simplemente de una preferencia; la perspectiva de cualquier novedad los asusta y los pone nerviosos. Esto puede significarles una carga pesada a las personas que los tienen a su cuidado, pero cualquier cosa que se haga para minimizar los eventos que producen ansiedad hará que todos los que participan en la situación se sientan más cómodos y serenos.

Las personas con enfermedad de Alzheimer no corren gran riesgo de sufrir accidentes domésticos, pues pierden la curiosidad y no se desplazan mucho. Sin embargo, no sobra tomar algunas prudentes precauciones, como, por ejemplo, instalar alarmas de humo, por si acaso olvidan apagar hornos o chimeneas; o instalar cerraduras que se puedan abrir de ambos lados de la puerta, para que no se queden encerrados en el baño.

El hábito de deambular puede convertirse en un problema para la persona con enfermedad de Alzheimer; por eso es aconsejable coser en la ropa etiquetas en donde figuren el nombre y la dirección. Al final, cuando la enfermedad ya esté bastante avanzada, el paciente necesitará atención las veinticuatro horas del día y habrá que vestirlo, llevarlo al baño, bañarlo y darle la comida.

Infortunadamente, es poco lo que se puede hacer para evitar esto y hay que estar preparado. Si el enfermo vive bastante tiempo, es inevitable. Los médicos que tratan pacientes con enfermedad de Alzheimer han observado que la persona que cuida al enfermo, generalmente el cónyuge, suele hacerse cargo de él durante un prolongado tiempo y el orgullo le impide pedir ayuda a los vecinos, los amigos o los familiares.

Sin embargo, al final es necesario que el paciente tenga asistencia constante; nadie puede dar abasto solo, la ayuda profesional es necesaria.

Lo mejor que pueden hacer en las primeras etapas, tanto el enfermo como la persona encargada de cuidarlo, es buscar una sociedad de apoyo a quienes padecen la enfermedad de Alzheimer. En todos los países hay una o varias sociedades de este tipo. En ellas puede usted recibir ayuda y asesoría sobre muchos aspectos, entre ellos información sobre casas para personas de edad, drogas e investigaciones.

## P/ ¿Qué debo decirles a los niños, los parientes y los amigos acerca del problema?

Si hay niños viviendo en la misma casa de una persona con enfermedad de Alzheimer, sin duda se darán cuenta de que algo extraño sucede antes que alguien les diga. Lo mejor siempre es decirles la verdad y darles la mayor y más exacta información que sean capaces de asimilar. Algunos médicos que trabajan con personas aquejadas por la enfermedad de Alzheimer opinan que los niños suelen aceptar la enfermedad mejor que los adultos, pues éstos albergan mayores expectativas respecto a sus coetáneos.

Un problema es la vergüenza que sienten los niños frente a sus amigos y, en este caso, si ellos prefieren no llevar a sus amigos a casa porque temen que puedan reírse de su anciano pariente, es mejor no insistir. Si el enfermo debe ingresar en una casa para personas de edad y los niños no quieren ir a visitarlo, no hay que obligarlos a que vayan. Los niños más pequeños, en particular, deben abstenerse de visitar al paciente cuando éste ya ha dejado de reconocerlos. Cuando esto ocurre, el encuentro no tiene sentido y es desagradable para todas las personas que participan en la situación.

Respecto a los familiares y los vecinos, lo mejor también es decir la verdad y admitir que su ser querido padece la enfermedad de Alzheimer. Cuanto más franca sea la gente respecto a la enfermedad, menos será la vergüenza que se genera.

No siempre es fácil para los otros parientes, para los vecinos y para los amigos apreciar cuán difícil es hacerse cargo de una persona que padece la enfermedad de Alzheimer; tal vez lo acusen a usted de no haber hecho lo suficiente o de haber trastornado al paciente. En ese momento usted debe tener en cuenta que ellos pueden sentirse culpables o que quizá no entiendan del todo la enfermedad pero, en cualquier caso, usted no es responsable de las reacciones de ellos.

Sea cual sea la reacción de unos y otros, lo mejor es no tratar de ocultar la enfermedad de Alzheimer o cualquier otra demencia, ni hacer de cuenta que todo sigue igual que antes. Si los otros familiares sienten que no se ha hecho lo suficiente, pídales que se encarguen del enfermo durante unos cuantos días, para que se den cuenta de cómo son las cosas. Los espectadores rara vez tiene una idea exacta de lo difícil que puede ser hacerse cargo de un paciente con enfermedad de Alzheimer cuando ésta empeora rápidamente.

P/ **¿Un paciente con enfermedad de Alzheimer necesitará siempre atención hospitalaria?**

Con el tiempo, sí. Llega un momento en que, a pesar de que se abriguen las mejores intenciones, ya no se puede seguir atendiendo al enfermo en casa. Esto plantea muchos problemas, entre los cuales el principal es encontrar un hospital o una clínica privada que reciba pacientes con enfermedad de Alzheimer y que reúna las condiciones para este tipo de atención específica.

P/ **¿Los hospitales comunes y corrientes reciben a los pacientes con enfermedad de Alzheimer?**

Por lo general, no. Lo que suelen hacer los hospitales es recibir a los pacientes que, además de la de Alzheimer, tienen otra enfermedad o problema que requiera tratamiento hospitalario. La mayoría de los hospitales no están preparados para este tipo de atención prolongada. Aunque los sistemas de salud social deben hacerse cargo de los pacientes con enfermedad de Alzheimer, esta responsabilidad suele ser evadida o delegada en otras instituciones. Los hospitales privados tampoco suelen ofrecer la clase de atención que necesita una persona que padezca la enfermedad de Alzheimer. Por lo demás, los precios son prohibitivos y no se pueden pagar a través de sistemas de seguros privados.

En los hospitales estatales de Estados Unidos hay muy pocas personas con demencia y las que hay son consideradas como pacientes demasiado perturbadores para atenderlos en una casa para personas de edad.

Otro factor que ha de tenerse en cuenta es que los pacientes con enfermedad de Alzheimer sólo prosperan — si es que se puede usar esta palabra — en medios que les sean familiares. Una hospitalización repentina puede provocar un agudo deterioro de su estado, aunque si se presenta un problema físico, como un ataque cardíaco o la fractura de una cadera, el paciente deberá ser hospitalizado. Puede ser muy triste observar con cuánta rapidez empeora su estado cuando aparecen nuevas fuentes de tensión, como ver gente extraña y hallarse en un ambiente desconocido que los atemoriza; en ese momento su comportamiento puede tener un cambio drástico. Es común que los pacientes con enfermedad de Alzheimer se sientan confundidos y angustiados, que empiecen a deambular e incluso que se vuelvan verbalmente agresivos con el personal del hospital y con los familiares que van a visitarlos.

Hay que tener en cuenta que éste es un rasgo de la enfermedad y no un comportamiento delibera-do.

## P/ ¿Qué provisiones en materia económica hay que tomar?

Cuidar a una persona con enfermedad de Alzheimer se convertirá, con el tiempo, en una labor de siete días a la semana y veinticuatro horas al día; la persona encargada de cuidarla no tendrá tiempo de dedicarse a otra cosa ni de desempeñar otro trabajo. Por ello se recomienda examinar todas las opciones en una etapa muy temprana, antes que sea necesario tomar decisiones drásticas. Cualquiera que sea la evolución de la enfermedad, las personas encargadas de cuidar a los enfermos deben aceptar que llegará un momento en que éstos quedarán totalmente inca-pacitados para manejar asuntos de dinero; esto siempre sucede.

Naturalmente, uno de los problemas consiste en saber qué tantos recursos económicos (o de otro tipo) le quedan al enfermo. En las primeras eta-pas puede producirse hostilidad y agresión, rece-lo y desconfianza si le piden al enfermo que delegue sus responsabilidades en asuntos econó-micos.

Lo ideal es que se nombre a una persona para que maneje los asuntos económicos del enfermo, en el momento en que sea necesario. Mediante el recurso del poder legal, el cónyuge, o cualquier otra persona a cuyo cuidado esté el enfermo, obtendrá la autorización para manejar los asuntos económicos de éste. Para que tenga validez, el poder debe firmarse antes que la persona pierda sus facultades mentales. Si no hay un pariente cercano, esta tarea puede asignársele a un vecino, pero debe hacerse de todas maneras, pues, una vez que comienza la enfermedad de Alzheimer, alguien debe tomar decisiones en nombre del enfermo. El enfermo debe estar en capacidad de comprender todas las implicaciones, y lo mejor es redactar el documento con la asesoría de un abogado.

El otro asunto importante y que requiere suma atención es el testamento. Las personas a cuyo cuidado está el enfermo deben averiguar si existe un testamento y, en caso de que no sea así, convencer al enfermo de hacerlo antes que empiece la confusión irreversible. En caso de que sí haya testamento, dichas personas deben asegurarse de que el enfermo entiende todas las implicaciones del documento y de que no quiere que se le hagan cambios.

También puede ser necesario, en las primeras

etapas, obtener un poder legal para que la persona encargada pueda manejar los impuestos sobre
la renta del enfermo.

Aunque todo esto puede parecer muy inoportu-
no, y a nadie le gusta que lo acusen de entrome-
tido, no tiene sentido esperar que la enfermedad
de Alzheimer desaparezca. Cuando las familias se
niegan a afrontar estas cuestiones, se crea una
gran confusión y surgen muchos problemas. En
ocasiones, la familia no tiene otra opción que
ejercer el control económico y obtener este control por medios legales. De todas maneras hay
que pagar las cuentas pendientes y las hipotecas
y hay que administrar los ahorros y las transac-
ciones económicas.

Las cuestiones económicas (generalmente, las de
más difícil manejo) no desaparecen simplemente
porque alguien padece la enfermedad de Alzheimer.
Puede que surjan agrias discusiones entre los
miembros de la familia cuando se vaya a determinar quién es la persona más indicada y confiable
para manejar los asuntos económicos. Otros
miembros de la familia pueden acusar a las personas que cuidan a los enfermos de querer poner
las manos en el dinero de la madre o de conven-
cerla de alterar el testamento cuando ya no está
muy bien de la cabeza.

En muchos sentidos, la enfermedad de Alzheimer puede separar a las familias; lo más razonable es que la persona que debe soportar la mayor parte del trabajo de cuidar al paciente sea la encargada de manejar el dinero y los demás asuntos financieros. Si la persona no es competente, o es deshonesta, entonces el asunto es grave; muy pocos querrán tomar la responsabilidad de hacerse cargo de un enfermo de Alzheimer.

Como, por lo general, la carga principal de cuidar al enfermo debe asumirla el cónyuge, es vital que éste comprenda lo que eso implica, pues él mismo puede no estar muy bien de salud. Si tiene alguna duda, debe buscar, en el menor tiempo posible, la asesoría de un experto o pedirle ayuda a un miembro de la familia que sea competente. No debe tratar de hacerlo todo solo si no sabe bien qué es lo mejor. Hay expertos por todas partes a quienes acudir.

**P/ ¿Pueden ayudar los servicios sociales?**

En teoría, sí. Lo más probable es que el tipo y la calidad de la atención varíe según los países y las regiones. Lo más recomendable, cuando la pérdida de la memoria se hace evidente y antes que la enfermedad llegue a un estado avanzado, es averiguar qué tipo de servicios existen en su zona o región y cuánto pueden costar. Puede ser que en algunas regiones los servicios sean gratuitos; en otras habrá que pagar los costos de la alimentación, las visitas domiciliarias, etc.

Es preciso tener en cuenta que, aunque los parientes y amigos tengan las mejores intenciones de ayudar, en las últimas etapas ya no podrán seguir encargándose del enfermo. A medida que avanza la enfermedad es necesaria la atención de personal especializado.

Existen centros diurnos que pueden servir para aliviar la carga de la persona que cuida casi todo el tiempo al enfermo; estos centros pueden variar enormemente de una zona a otra. En algunos se le da atención diurna al paciente, gracias a lo cual la persona que lo cuida puede ir a trabajar. Otros centros sólo prestan atención durante algunas horas a la semana.

Por lo general, es extremadamente difícil encontrar personal que vaya a la casa del enfermo a cuidarlo y que tenga la calificación profesional adecuada. La realidad es que muy pocas personas están dispuestas a hacerse cargo de un paciente con enfermedad de Alzheimer en una etapa avanzada: es una tarea muy desagradecida. En la práctica, estas personas faltan varias veces al trabajo, quieren días libres, por ser festivos y por enfermedad, y muy pocas están dispuestas a cuidar al enfermo durante la noche o a hacerse cargo de un paciente con incontinencia.

Todo esto puede sonar angustiante y poco útil, pero ésa es la cruda realidad que deben enfrentar las personas que quieren seguir cuidando en su propia casa a un paciente con enfermedad de Alzheimer.

## P/ ¿Son buenas las casas para personas de edad avanzada?

Éste es un asunto difícil y no existen soluciones sencillas. Si usted puede conseguir en la zona en que vive un centro de atención diurna excelente, tal vez no necesite llevar al paciente a una casa para ancianos. No todas las casas para las personas de edad están equipadas para hacerse cargo de pacientes con enfermedad de Alzheimer y las que sí lo están pueden ser extremadamente costosas.

A continuación presentamos el testimonio de la novelista Margaret Forster sobre el cuidado de su suegra, que fue víctima de la enfermedad de Alzheimer:

Durante los cinco años que mi familia se hizo cargo del cuidado de mi suegra, gastamos £42 000. Destinamos todo ese dinero a aliviar las cargas que recaían principalmente sobre mi esposo, casi todas mis cuñadas y sobre mí. Teníamos un equipo de cinco ayudantes, a quienes pagábamos por horas, para que nosotros pudiéramos trabajar durante parte del día.

Este "equipo" nos fallaba todo el tiempo. Cuando mi suegra llegó a la etapa de la incontinencia, sumada al hecho de que todas las noches, absolutamente todas las noches se caía de la cama, nos fue imposible encontrar a alguien que se quedara con ella en las noches en que los familiares no podíamos hacerlo. Nos sentíamos derrotados.

Pensamos, ingenuamente, que podríamos hallar una agradable casa para personas de edad, así tuviéramos que pagar una fuerte suma de dinero. No encontramos ninguna. Cuando empezamos a buscar, mi suegra ya se hallaba en un estado de total incapacidad, y ninguna casa para ancianos quería hacerse cargo de ella.

Entonces decidimos llevarla a un hospital público de salud mental, al pabellón psicogeriátrico.

En un artículo publicado en el periódico *The*

*Observer,* del cual se tomó el anterior fragmento, Margaret Forster señala que, aunque los cuidados que recibió su suegra en el hospital psiquiátrico público no fueron los mejores, no había alternativa. En su opinión, ni las ayudas a domicilio ni ninguna otra comodidad justifican tener en casa a un paciente en un grado avanzado de la enfermedad de Alzheimer.

Para Margaret Forster (y tenga presente que ella y su esposo, el escritor Hunter Davies, tienen gran éxito profesional, son personas ricas, con buena formación y hubieran podido pagar, si existiera, un sistema eficaz de atención) sencillamente no había nada que hacer.

Sus conclusiones son crudas. A las personas que se encuentran en los últimos estadios de la enfermedad hay que ayudarles a morir o mantenerlas en unas condiciones dignas. La escritora piensa que tanto a los enfermos como a los familiares que los tienen a su cuidado se les da un trato cruel e indiferente, posiblemente por causa del estigma que pesa aún sobre las enfermedades relacionadas con el cerebro y el funcionamiento mental.

Margaret Forster cree que pabellones como el que recibió a su suegra no deberían existir y pidió, en su artículo, que se crearan instituciones similares a hospicios, en donde pudiera cuidarse a los enfermos de una manera más humana, en una atmósfera cálida y amable. En su caso, ni siquiera el hecho de poder gastar grandes sumas de dinero servía de algo. Sencillamente, no había casas para ancianos que se hicieran cargo de una persona con la enfermedad en un estado tan avanzado como el de su suegra.

Sin embargo, existen instituciones especializadas en el cuidado de pacientes con enfermedad de Alzheimer. En estos lugares hay enfermeras calificadas que saben cómo cuidar a los pacientes con demencia senil. Puede que allí se realicen programas de terapia ocupacional; también se buscará que el paciente se interese en las cosas habituales y de la vida cotidiana.

Quizá la lección que debemos aprender de la experiencia de Margaret Forster es la siguiente: no siga haciéndose cargo del paciente hasta el momento en que éste necesite atención las veinticuatro horas del día. Haga averiguaciones sobre casas para personas de edad antes que el enfermo llegue a ese estado. Así, una buena institución de esta clase recibirá al paciente antes que aparezcan los peores síntomas de la enfermedad.

## P/ ¿Son costosas estas casas para personas de edad?

Sí, en efecto. En algunos casos de pobreza absoluta, las autoridades locales se encargan de subsidiar a la familia para que pague una casa para ancianos. Sin embargo, son pocas las personas que gozan de esas ayudas. Con frecuencia hemos escuchado historias lamentables sobre personas que venden su vivienda o que gastan todos sus ahorros y quedan en la ruina, con el fin de pagar este servicio. También es bastante frecuente que la persona que tiene el enfermo a su cargo tenga que retirarse del trabajo para cuidarlo, con lo cual la situación económica empeora.

Son pocos los sistemas de seguridad social que corren con los gastos de un paciente con enfermedad de Alzheimer, por lo cual son los familiares quienes deben hacerse cargo de todo. El resultado de esto es que cuanto más viva el paciente, más pobre queda el cónyuge o la persona que tiene al enfermo bajo su cuidado. Reducidos a un estado económico lamentable tendrán, finalmente, que pedir subsidios estatales.

En algunos países, los departamentos de servicios sociales pueden adueñarse de la totalidad de la pensión del esposo y dejar a la esposa sin nada para vivir. Si es la esposa quien sufre de la enfermedad de Alzheimer la situación financiera puede ser ligeramente mejor, pues generalmente sólo le adjudican a ella el 50 por ciento de la pensión.

Muy poca gente puede darse el lujo de pagar una casa para personas de edad avanzada durante mucho tiempo. Margaret Forster (véase página 97) estaba agradecida porque su suegra sólo vivió cinco años más después que la internaron en un hospital psicogeriátrico del Estado. Hubiera podido vivir diez años más y, de haber estado en una casa para ancianos privada, esto le habría producido a la familia un descalabro económico, aun teniendo altos ingresos.

No hay respuestas sencillas para los problemas que surgen en torno a la enfermedad de Alzheimer pero, para muchas personas, el gasto de enormes sumas de dinero, la pérdida del trabajo y del ingreso son algunas de las cargas más difíciles de sobrellevar. Es comprensible que la gente se sienta amargada al ver cómo desaparecen los ahorros, que tanto trabajo les costó reunir, para pagar los cuidados que hay que prestarles a las personas con esta enfermedad.

En un país sin prestaciones sociales no habría opción, pero en aquéllos donde sí hay prestaciones sociales mucha gente siente que, si paga dinero al sistema de salud, los pacientes con demencia deberían ser atendidos por el Estado. Sería utópico esperar que el sistema de seguridad social corra con todos los gastos, sin que las familias y las personas encargadas del paciente tengan que hacer ni una sola contribución, pero con el régimen actual todo el mundo paga buenas cantidades de dinero a un sistema de salud que abandona al individuo cuando éste más lo necesita.

Nadie desea negarle a un ser querido todos los cuidados posibles, pero, como señala Margaret Forster, sencillamente no hay gente, ni dinero, ni instalaciones para atender a los pacientes con enfermedad de Alzheimer de la manera que ellos necesitan, sin que se produzcan enormes perjuicios económicos y personales para quienes tienen a su cargo a los enfermos.

**P/ En caso de necesitar una casa para personas de edad, ¿cómo encontrar una que sea buena?**

Hay que evaluar cuidadosamente las casas para personas de edad. Usted debe recordar que, por lo general, estas instituciones son creadas con ánimo de lucro y es posible que una misma compañía sea dueña de varias. Esto no significa que no presten un buen servicio; sin embargo, cuando se trata de cuidar a personas ancianas que padecen la enfermedad de Alzheimer, es muy difícil encontrar buen personal de atención. En general, no es un trabajo que la gente se muera por hacer.

La mejor medida que usted puede tomar es acudir a una institución dedicada a resolver los problemas de las personas afectadas por la enfermedad de Alzheimer y pedirle información y ayuda para encontrar una casa para ancianos apropiada y lo más cercana posible al lugar donde usted vive. Estudie varias opciones antes de tomar una decisión.

Cuando vaya a evaluar qué tan apropiada es una casa para la tercera edad, hágase las siguientes preguntas: ¿Es agradable y limpia? ¿Están bien iluminadas todas las áreas? ¿Cada residente tiene su propia habitación? Si es compartida, ¿cuántas camas hay por habitación? ¿Cómo son las comidas? ¿Cómo es en general la atmósfera en el comedor? ¿El personal de atención es alegre y positivo? ¿Las enfermeras hacen lo mejor que pueden para relacionarse con los residentes? ¿Qué tipo de actividades se promueven? Observe bien a los residentes: ¿Se ven limpios y bien cuidados? ¿Algunos de ellos sonríen? ¿Se ven contentos, a pesar de la enfermedad?

Es muy importante saber si los residentes reciben

buena atención en instituciones que pueden llegar a ser muy costosas, más aún cuando se necesita el servicio de enfermeras especializadas. (Algunos familiares quedan aterrados con la calidad de atención que observan cuando van de visita; descubren que a su familiar no le han lavado el pelo o que no le han cambiado la cama o que no le han puesto ropa limpia. Aunque esto puede ser más penoso para los visitantes que para los residentes, todo forma parte del trato humano.)

También es esencial investigar un poco, teniendo en cuenta que los pacientes con enfermedad de Alzheimer necesitan atención especial durante las veinticuatro horas del día. ¿Cuál es la proporción de personal de atención por paciente? ¿Todas las enfermeras son tituladas o se emplea ocasionalmente gente sin experiencia? Pregunte también por la atención médica específica y qué ocurre con los medicamentos que se le prescriben al paciente. Averigüe qué sucede con las visitas y con la terapia ocupacional.

P/ **¿Las pólizas de seguros médicos cubren la enfermedad de Alzheimer?**

Lo más aconsejable es preguntarle al enfermo, en una etapa temprana de la enfermedad, qué tipo de póliza de seguro médico tiene y leerla cuidadosamente. Es poco probable que haya una cláusula para el cuidado prolongado de una persona con enfermedad de Alzheimer. Si el enfermo es empleado, puede que esté protegido durante un año, en caso de enfermedad o invalidez, por un plan de alguna compañía de seguros. Sin embargo, ninguna póliza cubre los gastos de atención a una persona enferma hasta sus últimos días. La mayoría de las pólizas de seguros de salud expresan, en letra menuda, que enfermedades tales como la demencia progresiva, que no tienen un límite, no reciben cobertura. Por lo tanto, lo más probable es que una vez que la persona contraiga la enfermedad de Alzheimer dejará de ser asegurable.

También hay que revisar otras pólizas de seguros, como la de seguro de vida, etc., para ver cuáles son las condiciones. Si se diagnostica la enfermedad de Alzheimer en una etapa temprana, la familia puede lograr que se siga manteniendo vigente la póliza del seguro de vida.

Puesto que cada caso es diferente, es imposible hacer recomendaciones generales aparte de la de ocuparse de todos estos asuntos lo más tempranamente posible. Es aconsejable preguntarle al enfermo sobre toda clase de pólizas de seguros una vez que aparezcan signos inequívocos de pérdida de la memoria. Incluso si no se llega a diagnosticar enfermedad de Alzheimer, es bueno revisar cuidadosamente todas las pólizas y contactar a la compañía de seguros en caso de que algo no esté muy claro.

Ante todo, no se precipite a comprar nuevas pólizas cuando aparezca la enfermedad. Las primas pueden ser costosas y quizá no tengan una cobertura tan amplia.

Averigüe también cuáles pensiones o prestaciones por invalidez son pagaderas, en especial si el enfermo debe jubilarse tempranamente por causa de enfermedad progresiva. Investigue en la institución de seguridad social qué pensión por invalidez o por enfermedad, u otros beneficios, se pueden recibir.

P/ **¿Cuál es el futuro para las personas con enfermedad de Alzheimer y otras demencias progresivas?**

Sin duda alguna, se han hecho grandes progresos durante los últimos decenios en la comprensión de las enfermedades que afectan al cerebro. En los años 50 era muy poco lo que se sabía de la estructura cerebral, aunque la enfermedad de Alzheimer fue identificada hace casi cien años. Ahora sabemos mucho más sobre la forma en que funciona el cerebro, cuáles transmisores químicos participan y cómo y por qué pueden presentarse fallas. Sin embargo, aunque se han hecho muchos progresos, todavía no existe un tratamiento eficaz para la enfermedad de Alzheimer. Los adelantos más alentadores, por encima de los avances de alta tecnología, se han producido en la manera de comprender la enfermedad y en la forma de tratar a los pacientes.

Hasta ahora los estudios y experimentos para encontrar una droga eficaz han resultado decepcionantes, y todavía no se vislumbra en el horizonte ninguna forma de tratamiento. Todas las drogas que han sido creadas para tratar la enfermedad de Alzheimer y otras demencias causan demasiados efectos secundarios, son muy difíciles de administrar o benefician tan sólo a un reducido número de personas, cuando no presentan a la vez todos esos aspectos negativos. La esperanza es que, si se logra diagnosticar la enfermedad en una etapa temprana, llegue a haber una droga que frene o desacelere el deterioro cerebral.

Los científicos tampoco han llegado muy lejos en la comprensión de las causas de la enfermedad de Alzheimer. Durante un tiempo parecía que el aluminio era el principal culpable, pero esa teoría se ha vuelto menos probable a la luz de nuevos estudios. Si hay un componente genético en la enfermedad, es poco lo que podemos hacer con nuestra herencia genética. Por ahora, el único "tratamiento" que se ofrece para las enfermedades adquiridas genéticamente es el diagnóstico *in utero,* seguido de un aborto. Esto sucede en los casos de síndrome de Down y de distrofia muscular. Con cánceres que tienen elementos genéticos, por ejemplo, algunos cánceres de seno, el único tratamiento es la mastectomía. Es evidente que se necesita seguir avanzando para dar con un tratamiento para la enfermedad de Alzheimer, pues los caminos que se han recorrido hasta ahora han resultado decepcionantes.

Por el momento debemos concentrarnos en el cuidado de los pacientes y, particularmente, en aliviar el trabajo de las personas encargadas de cuidarlos. En la actualidad la enfermedad de Alzheimer representa un terrible golpe para todas las personas involucradas: para el enfermo, pues no existe cura o tratamiento preventivo, y para toda la familia, que debe hacerse cargo de él, muchas veces teniendo que pagar un enorme costo económico y emocional.

Como dijo Margaret Forster en su artículo del *The Observer,* se necesitan más instituciones en donde cuiden de manera digna a los pacientes con demencias avanzadas, sin que sus familiares sufran los horribles descalabros financieros que son tan comunes actualmente.

En el pasado, los pacientes no vivían mucho tiempo después que contraían la enfermedad de

Alzheimer. Ahora, con una alimentación adecuada y una mejor comprensión de la enfermedad por parte de quienes los cuidan, pueden vivir muchos años; cada vez se pondrán peor, perderán más la memoria y, finalmente, perderán todo contacto con el mundo.

Si, con los conocimientos que tenemos en la actualidad y con las investigaciones adelantadas, todavía es poco lo que se puede hacer por quienes padecen la enfermedad de Alzheimer, al menos tratemos de aliviar las cargas de esos heroicos familiares que tienen al paciente bajo su responsabilidad. En fin de cuentas, son los familiares quienes deben soportar los rigores de la enfermedad, más que el paciente, pues éste no tiene conciencia de lo que sucede.

Un grupo de médicos en la Gran Bretaña ha creado una prueba genética mediante la cual se puede predecir la gravedad de la enfermedad de Alzheimer en individuos con el síndrome de Down que ya presenten síntomas de dicha dolencia. La prueba es una adaptación de la tecnología usada para la huella digital de ADN y, hasta ahora, sólo es practicable en enfermos con el síndrome de Down. Se espera que en el futuro la prueba, realizada a través de la amniocentesis, sea practicable a todo el mundo, de manera que pueda pronosticarse, antes de nacer, la probabilidad de que un individuo padezca la enfermedad de Alzheimer en la edad madura.

La investigación fue dirigida por el doctor Gareth Roberts, especialista en la enfermedad de Alzheimer. El equipo pertenece al hospital Charing Cross, de Londres. La prueba no es una cura, ni es preventiva, pero en el futuro puede proporcionarnos una idea más clara sobre qué tan rápido evolucionará la enfermedad, qué tanto empeorará el paciente y qué cuidados y tratamientos serán necesarios. Naturalmente, las pruebas de este género plantean toda clase de problemas éticos, tales como quién da el consentimiento para practicar la prueba y qué hacer cuando se conoce el resultado.

La doctora Claire Royston, científica que participó en la creación de la prueba, dice: "Hasta el momento no existe cura para la enfermedad de Alzheimer. Nuestra investigación podría significar una mejora en la calidad de vida de los enfermos y sus familiares, mediante el concurso de médicos, enfermeras y otros. Cuando se creen tratamientos adecuados durante los próximos años, los médicos podrán usar esta prueba para escoger el tratamiento que ha de seguirse en cada caso particular".

Se busca afanosamente una cura, pero nadie sabe

aún por qué se forman las placas de ß-péptido amiloide. Una vez que se averigüe esto, deberá surgir la posibilidad de crear una droga que evite la formación de esas placas. Falta ver si esa droga no será peligrosa, si no tendrá demasiados efectos secundarios y si en realidad detiene el avance de la enfermedad de Alzheimer.

Científicos de todo el mundo trabajan con dedicación en investigaciones que mejoren la vida de aquéllos que contraigan la enfermedad de Alzheimer. Esperemos que, en poco tiempo, se descubra una manera de aliviar las cargas de todos aquéllos que deben afrontar esta devastadora e irreversible enfermedad.

# Índice alfabético